Heimat-Kochbuch Düren-Jülich

– Rezepte, Bilder und Geschichten von der Eifel bis zur Jülicher Börde –

Kreis-LandFrauenverband Düren-Jülich

ISBN 978-3-86037-553-2

1. Auflage

Lüchower Straße 13a, 29459 Clenze
Telefon (0 58 44) 971 16-10, Telefax (0 58 44) 971 16-39
mail@limosa.de, www.limosa.de

Redaktion:
Kreis-LandFrauenverband Düren-Jülich

Lektorat:
Ulrike Kauber

Satz und Layout:
Christin Brösel, Lena Hermann, Zdenko Baticeli

Korrektorat:
Gerd Schneider

Unter Mitarbeit von:
Karin Monneweg, Julia Weiß, Martina Grocholl

Medienberatung:
Das Kochbuchteam

Gedruckt in Deutschland

Kreis-LandFrauenverband Düren-Jülich

Heimat-Kochbuch Düren-Jülich

Rezepte, Bilder und Geschichten von der Eifel bis zur Jülicher Börde

Ein Vorwort

Die LandFrauen aus dem Kreis Düren-Jülich hatten schon manches Mal über ein Kochbuch nachgedacht. Doch der Anfang wollte nicht so recht gelingen, da hieß es: »Noch ein Kochbuch? Es gibt schon so viele! Ob sich das überhaupt lohnt, wen interessiert das schon?« Doch der Gedanke »Kochbuch« blieb einfach immer im Hinterkopf ...
Als der Verlag Edition Limosa uns vorschlug, ein Heimat-Kochbuch aus unserem Kreis zu gestalten – also von der Eifel bis zur Jülicher Börde, mit Bildern, Geschichten und Rezepten, da sprang der Funke sehr schnell über.
Unsere Heimat, der ländliche Raum, liegt uns ebenso am Herzen wie eine gute, gesunde und abwechslungsreiche Ernährung.
So haben die LandFrauen ihre Lieblingsrezepte beigesteuert und es sind viele Geschichten, Bilder und Rezepte zusammengekommen, die Sie begeistern und neugierig machen sollen, immer wieder zu lesen, Neues auszuprobieren und zu genießen.
Ich bedanke mich ganz besonders bei meinem Kochbuchteam, sie haben alle ihr Wissen, ihr Können und ihre Möglichkeiten eingebracht, damit dieses Buch entstehen konnte.

Schön, dass wir Ihr Interesse geweckt haben.

Ihre

Margret Frings
Kreisvorsitzende der LandFrauen Düren-Jülich

Eine der bekanntesten und beliebtesten Heilpflanzen ist die echte Kamille. Genau wie Klatschmohn und Kornblumen liebt sie die Nähe zu Getreide, ist aber durch das Spritzen der Felder leider nicht mehr oft zu finden.

Herzlichen Dank ...

... für die Mithilfe an unserem Heimat-Kochbuch sagen wir

- allen LandFrauen aus dem Kreis Düren-Jülich, die ihre Lieblingsrezepte zur Verfügung gestellt haben
- allen, die uns ihre schönen und geliebten Fotos überlassen haben
- allen lieben Menschen, die dieses Buch mit ihren Textbeiträgen bereichert und so interessant gemacht haben
- allen, die uns mit Ideen und Anregungen zu Seite gestanden haben.

Wir danken auch unseren Familien, die uns sehr oft für viele Stunden entbehren mussten, weil wir mal wieder zum Fotografieren, Rezepte- und Bilder-Einsammeln oder zum Bild- und Textrechte-Klären unterwegs waren oder wieder einmal Besprechung fürs Kochbuch hatten.
Dank sagen wir auch allen, deren Texte, Bilder, Rezepte und Geschichten leider keinen Platz mehr im Buch gefunden haben.
Das alles hat ein tolles Kochbuchteam gesichtet, zusammengestellt und mit dem Verlag zusammen zu dem gemacht, was Sie heute in der Hand halten.

Viel Vergnügen!

Das Kochbuchteam: von links Irmtrud Franken, Hedi Feucht, Karin Jansen, Angelika Eller, Margret Frings, Magdalene Knops, Ria Dahmen, Renate Xhonneux.

Liebe Leserinnen und Leser,

das vorliegende Heimat-Kochbuch des Kreisverbandes Düren-Jülich der Rheinischen LandFrauen verbindet auf neue Art und Weise die Darstellung von Rezepten mit den Besonderheiten der Region und den persönlichen Erfahrungen aus der Landküche.
Die Auswahl der Bildergeschichten und Kochrezepte spiegelt die beeindruckende Bandbreite und Vielfalt unseres Kreises von den Höhenlagen der Eifel mit überwiegender Grünlandnutzung und Milchviehhaltung bis in die Bördelandschaft des Nordkreises mit Ackerbau in der Jülicher Börde wider.
Für mich als Vorsitzenden der Kreisbauernschaft Düren belegt dieses Buch erneut das vielfältige Engagement und die Kreativität der LandFrauen, die nicht nur in den Betrieben das Bild der Landwirtschaft wesentlich mitprägen.
Dieses Kochbuch ist darüber hinaus für alle Heimatverbundenen eine gute Geschenkidee.
Mit dem Dank für die stets gute Zusammenarbeit mit den LandFrauen und dem Dank an die Autorinnen und Rezeptgeberinnen verbinde ich die Gewissheit, dass dieses Buch zahlreiche begeisterte Leserinnen und Leser finden wird.

Erich Gussen

Vorsitzender der Kreisbauernschaft Düren

Die Rur bei Zerkall

Der Kreisverband Düren-Jülich stellt sich vor

Im Kreis Düren sind etwa 1400 Mitglieder im Rheinischen LandFrauenverband RhLV e.V. organisiert. Dabei handelt es sich um Frauen aus landwirtschaftlichen Betrieben genauso wie um Frauen vom Lande, die sich unabhängig von ihrem Alter oder Beruf den Zielen und Angeboten des Verbandes verbunden fühlen. Was bietet der LandFrauenverband den Mitgliedsfrauen?

- Teilnahme an Vorträgen und Seminaren rund um gesunde Ernährung, Gesundheit und Pflege oder landwirtschaftliche Themen
- Lehrgänge für Frauen aus den landwirtschaftlichen Betrieben im Bereich Agrarbüromanagement oder Kurse im Bereich Gesunde Ernährung mit regionalen und saisonalen Lebensmitteln
- Teilnahme an Lehr- und Besichtigungsfahrten in die nähere und weitere Umgebung, zum Beispiel stehen Wanderungen in der Eifel oder Köln-Führungen unter einem bestimmten Motto genauso im Programm wie Fahrten an die Ostsee oder in die Lüneburger Heide.
- Tradition und Brauchtum werden gepflegt und gelebt – beim LandFrauen-Karneval, bei den Erntedank-Aktionen oder bei den Adventsveranstaltungen.

Welche Themen liegen den LandFrauen besonders am Herzen, wofür engagieren sie sich? LandFrauen möchten die Lebens- und Arbeitsbedingungen von Frauen im ländlichen Raum verbessern. Fachfrauen für Ernährungs- und Verbraucherbildung aus den eigenen Reihen werden ausgebildet, diese vermitteln in den offenen Ganztagsschulen Kindern Wissenswertes rund um gesunde Ernährung, Umgang mit Geld oder nachhaltiges Haushalten. Der LandFrauenverband setzt sich für ein Unterrichtsfach Ernährungs- und Verbraucherbildung für Schülerinnen und Schüler aller Schulformen ein. Der Kontakt zwischen Erzeugern und Verbrauchern wird durch Tage des offenen Hofes oder durch den Besuch von Kindergärten und Schulklassen auf den Höfen ermöglicht, dabei soll ein realistisches Bild der modernen Landwirtschaft vermittelt werden.

Weitere Informationen finden Sie im Internet unter: www.rheinische-landfrauen.de

Ortsvertreterinnenfahrt 2012 der Düren-Jülicher LandFrauen. Besichtigung des Tagebau Inden und des neuen Indeverlaufs mit Abschluss im Haus Barbara, der Grillhütte von RWE Power.

Geschichten und Erzählungen

Das LVR-Kulturhaus Landsynagoge Rödingen ist ein einzigartiges Gebäudeensemble bestehend aus der 1841 erbauten Synagoge und dem Wohnhaus der Familie Ullmann. Im Wohnhaus informiert eine Ausstellung über »Jüdisches Leben im Rheinland«. Auch die koschere Küche wird erklärt. In der Synagoge finden regelmäßig Veranstaltungen statt.

Inhalt

Wenn nicht anders vermerkt,
sind alle Rezepte für vier Personen ausgelegt.

Am 2. Sonntag im September findet alljährlich der Eifelmarkt rund um das Töpfereimuseum Langerwehe statt. Hier kann man Eifeler Spezialitäten erwerben: Senf, Bier, Käse und vieles mehr. Die Atmosphäre ist fast mittelalterlich.

Der Kreis Düren

Von Josef Kreutzer, Pressestelle Kreis Düren

Fünfzehn Städte und Gemeinden reihen sich entlang der Rur wie Perlen auf der Schnur. Sie bilden mitten im Städtedreieck Aachen-Düsseldorf-Köln/Bonn einen Kreis, der es in sich hat.

Der Kreis Düren ist traditionell von der Landwirtschaft und der Papierindustrie geprägt. Schon früh nutzten die Menschen das weiche Rurwasser zur Produktion. Längst sind die mittelständischen Firmen der Papierindustrie High-Tech-Unternehmen, die teils weltweit agieren. Im Wirtschaftsleben des Kreises Düren sind sie und ihre Zulieferindustrie nach wie vor tragende Säulen. Das Forschungszentrum Jülich ist das größte multidisziplinäre Forschungszentrum Europas. 4300 Mitarbeiter lassen hier technologischen Fortschritt Wirklichkeit werden – unterstützt von den leistungsfähigsten Computern der Welt. Für die Industrie- und Dienstleistungsunternehmen der verschiedensten Branchen ist die Lage des Kreises Düren zwischen der Rheinschiene im Osten sowie Aachen und den Benelux-Ländern im Westen ideal, zumal die Verkehrsinfrastruktur sehr gut ausgebaut ist.

Auch der Kreis Düren setzt Impulse. Ziel von Landrat Wolfgang Spelthahn ist es, die Infrastruktur mit sogenannten »Leuchtturmprojekten« zu stärken. In Aldenhoven hat der Kreis eine einzigartige Filmautobahn initiiert, auf der es regelmäßig »kracht«. Dort drehen Kamerateams rasante Actionszenen. Genau das Gegenteil – Unfälle zu verhindern – ist das Anliegen der Techniker im benachbarten Autotestzentrum. Zudem spielt das europäische Satellitenprojekt Galileo auf dem Gelände eine Hauptrolle. Hier werden die Assistenzsysteme erprobt, die das Autofahren künftig sicherer und komfortabler machen sollen.

Ein Jahrhundertprojekt ist das »indeland«. Wenn der Tagebau Inden um das Jahr 2030 ausgekohlt ist, entsteht in ihm über die Jahre ein Gewässer von der Größe des Tegernsees. Der 36 Meter hohe Indemann am Rande des Tagebaus ist das weithin sichtbare Symbol für diesen landschaftlichen Wandel. Die erneuerbaren Energien gehören fest dazu, wie der Solarpark Inden zeigt. Auf einer rekultivierten Hausmülldeponie ist 2011 auf Betreiben des Kreises Düren ein Sonnenkraftwerk entstanden, das Strom für gut 1000 Haushalte erzeugt, ohne das Klima zu belasten.

Von Düren über Heerlen in den Niederlanden bis Beringen in Belgien verläuft die Grünroute. Sie verbindet die ehemals großen Steinkohlereviere im Dreiländereck Deutschland-Belgien-Niederlande. Von Zeugnissen der Industriegeschichte zur neuen Naturverbundenheit der Region: Wer in der »Grünmetropole« radelt oder mit dem Auto fährt, erlebt diese Landschaft ganz neu.

Den Tourismus fördert der Kreis Düren nach Kräften, um Arbeitsplätze zu sichern und neue zu ermöglichen. So hat er 2009 die Internationale Kunstakademie Heimbach auf Burg Hengebach etabliert. In Nideggen hat der Kreis Düren eine Ausbildungsstätte für den gastronomischen Nachwuchs geschaffen. Anfang 2011 hat gleich nebenan die neue Nideggener Jugendherberge eröffnet. Seit der Nationalpark Eifel 2004 gegründet wurde, ist der Eifel-Tourismus im Aufwind. Ein Beispiel dafür ist das Feriendorf an der Rursee-Staumauer Schwammenauel mit seinen über 1100 Betten. Mit dem Bau der Arena Kreis Düren wurde in Düren die Grundlage für größere Kultur- und Sportveranstaltungen an der Rur gelegt. Im fahrradfreundlichen Kreis Düren ist ein Radwegenetz von über 1000 Kilometern ausgeschildert, das Freizeit- und Alltagsradler gerne nutzen.
Die Kinder-, Familien- und Seniorenförderung hat im Kreis Düren hohen Stellenwert. Im Familienatlas 2012 würdigte das Bundesfamilienministerium das umfassende Engagement: Der Kreis Düren belegt in der Rubrik »Besondere Angebote für Familien« Platz 1 unter den 402 Kreisen und kreisfreien Städten in Deutschland.
Freunde hat der Kreis Düren in aller Welt. Mit Dorchester County im US-Bundesstaat Maryland ist er seit 2005 partnerschaftlich verbunden. Freundschaftliche Beziehungen zu Mytischi im Einzugsgebiet der russischen Metropole Moskau unterhält er seit 2011.
Gutes Miteinander und Füreinander ist an der Rur ohnehin sehr ausgeprägt. Der Prognos-Engagementatlas 2009 hat das eindrucksvoll dokumentiert. Demnach ist über die Hälfte der Menschen aus dem Kreis ehrenamtlich aktiv und sorgt dafür, dass der Kreis Düren nicht nur wirtschaftlich stark und landschaftlich schön, sondern auch lebens- und liebenswert ist.

Burg Nideggen wurde im 12. Jahrhundert als Trutzfeste errichtet, als Graf Wilhelm II. von Jülich mit dem Erzbischof von Köln im Streit lag. Etwa 100 Jahre später erhielt die vor der Burg erbaute Ortschaft Nideggen die Stadtrechte. In der Burg befindet sich das Burgenmuseum.

Graupensuppe

Von Renate Xhonneux

Graupen sind die Körner der Gerste, die geschält und danach poliert werden. Die nährstoffreichen Schichten des Korns werden dabei allerdings entfernt, das macht sie ungeeignet zur Vollwerternährung. Graupen werden als sättigende Einlage in Suppen oder als Alternative zu Reis verwendet. Auch anstelle von Milchreis sind sie gut geeignet.

1 kg Schälrippchen	mit
2 l Wasser	und
1 TL Salz	zum Kochen bringen, abschäumen und zurückschalten. 1 Stunde leicht köcheln lassen.
500 g Kartoffeln	schälen, würfeln.
1 Zwiebel	putzen, schälen, in Ringe schneiden.
2 Möhren	putzen, schälen, würfeln.
1 Stange Lauch	putzen und in Ringe schneiden.
¼ Sellerieknolle	putzen, schälen und würfeln. Kartoffeln und Gemüse nach Ablauf von 1 Stunde zu den Schälrippchen geben.
100 g Graupen	und
4 – 6 Mettwürste	hinzufügen. Noch einmal kurz aufkochen lassen, dann herunterschalten und weitere 40 bis 50 Minuten köcheln lassen. Mit
Universalwürze	
Salz, Pfeffer	abschmecken.

Die Suppe lässt sich gut einfrieren.

Links zwo drei vier, links zwo drei vier! Auf, auf, im Gänsemarsch!

Erbsensuppe – Ähzezupp

Von Renate Xhonneux

Zu dieser Wintersuppe passt sehr gut leicht gebuttertes Schwarzbrot.

500 g getrocknete Erbsen (gelb oder grün, geschält oder ungeschält)	mit
1 TL Natron	in
1,5 l kaltes Wasser	über Nacht einweichen. Mit dem Einweichwasser in einen großen Kochtopf füllen.
1 frisches Eisbein (ca. 800 – 1000 g)	waschen und zu den Erbsen in den Topf geben. Mit kaltem Wasser auffüllen bis alles knapp bedeckt ist. Zum Kochen bringen, abschäumen und zurückschalten.
800 g Kartoffeln (vorzugsweise mehlig kochend)	schälen, putzen und würfeln.
2 Zwiebeln	
1 Möhre	
1 Stange Lauch	und
¼ Sellerieknolle	jeweils putzen und klein schneiden. Alle Zutaten in die Suppe geben. Dann noch
1 gestr. TL Salz, etwas Pfeffer	hinzufügen. Die Suppe bei sehr geringer Wärmezufuhr leicht köcheln lassen. Zwischendurch öfter umrühren. Nach etwa 45 Minuten
4 – 6 Mettwürste	hinzufügen und weiter köcheln lassen. Dabei immer wieder umrühren, damit die langsam sämig werdende Suppe nicht anbrennt. Nach weiteren 45 Minuten das Eisbein und die Würste herausnehmen und in Stücke schneiden. Mit
Universalwürze	
Salz, Pfeffer	abschmecken und das Fleisch wieder hineingeben und die Suppe servieren.

Noch herzhafter wird die Erbsensuppe, wenn durchwachsener, geräucherter Speck oder auch Endstücke von rohem Schinken mitgekocht werden. Diese warm oder kalt in Scheiben aufs Schwarzbrot geschnitten und zur Suppe gegessen sind ein besonderer Genuss. Damals, als noch zu Hause geschlachtet wurde, kamen nicht die Eisbeine in die Suppe, sondern Füßchen, Öhrchen, Schnäuzchen und Schwänzchen des Schweins. Das war mindestens genauso lecker.

Blühender Kornblumenstreifen im Weizenfeld

Lustiger Waldschrat (für 10 Personen)

Von Annemie Eller

750 g Hackfleisch (gemischt)	mit
Salz, Pfeffer	
Curry	
Paprika (edelsüß) und Paprika (scharf)	würzen und in
30 g Butter oder Margarine	anbraten.
1 große Gemüsezwiebel	würfeln und dazugeben.
Je 1 gelbe, grüne, rote Paprikaschote	waschen, klein schneiden, ebenfalls dazugeben.
1 Dose geschnittene Champignons (850 g)	abtropfen lassen, Brühe auffangen und etwas davon in den Topf geben, dann 10 Minuten dünsten. Mit
800 ml Curry-Ketchup	und
1 Dose ganze geschälte Tomaten (850 g)	sowie noch etwas Champignonbrühe auffüllen. Noch einmal gut aufkochen lassen. Auf kleiner Flamme etwa 10 Minuten köcheln lassen. Jetzt erst die Champignons dazugeben. Zum Schluss
4 halbe Pfirsiche	klein schneiden und mit
500 g Crème fraîche	in die Suppe geben und kurz umrühren.

Dazu reicht man Baguette, Fladenbrot oder Brotcroûtons.

Ein Fest für die Sinne ist diese erfrischende Sommerwiese.

Kürbissuppe

Von Margret Frings

500 g Kürbisfleisch	würfeln.
2 Kartoffeln	und
1 Zwiebel	schälen und würfeln. In
Fett	andünsten und mit
Brühe	begießen, bis die Masse bedeckt ist. Dann 20 Minuten köcheln lassen, pürieren und eventuell Brühe nachgießen. Mit
1 Ecke Kräuterschmelzkäse	verfeinern und mit
Salz, Pfeffer	
etwas Ingwer	abschmecken.

Dazu Brotcroûtons reichen. Nach Geschmack kann man auch 1 Möhre oder 1 Stange Lauch klein geschnitten mitkochen.

Kürbisvielfalt

Kutschfahrt bei Raffelsbrand. 1951 nahmen hier 31 Siedler den Aufbau der Siedlung Raffelsbrand auf einer neuen Rodung in die Hand. Bei Aufräum- und Rekultivierungsarbeiten des im Winter 1944/45 völlig zerstörten Hürtgenwaldes wurden 50 000 Minen und 1000 Tonnen Munition entfernt. Dabei verloren 200 Minensucher, Bauern und Waldarbeiter ihr Leben.

Pfundstopf

Von Maria Schäkel

Von allen Zutaten nimmt man jeweils 1 Pfund (500 g):

Schweinefleisch (mager)	und
Rindfleisch (mager)	waschen, abtropfen und in etwa 1 cm große Würfel schneiden. Die Fleischwürfel in heißem
Butterschmalz	in einem großen Bräter (backofengeeignet) anbraten.
Hackfleisch (halb und halb)	krümelig auf das angebratene Fleisch geben.
Zwiebeln	schälen und in Ringe schneiden,
Tomaten	waschen und in Scheiben schneiden.
Lauch	waschen und in Ringe schneiden.
Paprikaschoten	waschen und fein würfeln – alle Zutaten nach und nach auf das Fleisch geben.
250 ml Schaschliksoße	mit
250 ml Chilisoße	und
200 – 400 ml Sahne	verrühren und über die Gemüse-Fleisch-Mischung gießen. Bei 200 °C (Umluft 180 °C) zugedeckt etwa 1,5 bis 2 Stunden im Backofen garen. Zwischendurch mehrmals umrühren.

Pfundstopf lässt sich gut vorbereiten und eignet sich deshalb gut, wenn Gäste kommen!

Zwei pflegeleichte Gartenbewohner

Der »Andreasmarkt« in Linnich

Von Stefan Helm, Stadtarchiv Linnich

Der Andreasmarkt blickt auf eine lange Tradition zurück. Er wurde der »alten Stadt Linnich« im Jahre 1571 durch Herzog Wilhelm V. von Jülich für den Sankt Andreastag verliehen.

»Kick do net hen! Dat es nix füe dich!«

Er hat im Laufe von 440 Jahren sein Gesicht verändert und im Wechsel der Zeiten ein Auf und Ab erfahren. Früher wurden auf dem Andreasmarkt hauptsächlich Kaltblutpferde und Rindvieh sowie landwirtschaftliche Produkte gehandelt. Der Markt gelangte über die Landesgrenzen hinaus zu einigem Ruhm. Im 18. Jahrhundert – vermutlich auch schon früher – gab es einen Marktmeister, der das dort angebotene Vieh zu kontrollieren und Streitigkeiten zu schlichten hatte.

Beim Linnicher Andreasmarkt ist die Stadt proppenvoll.

Heute gibt es ein umfassendes Angebot an landwirtschaftlichen Bedarfsartikeln und Waren aller Art. In den letzten Jahren erfreut er sich bei Händlern wie Besuchern, die sich auch von weit her auf den Weg nach Linnich machen, großer Beliebtheit. Über 180 »fliegende« Händler beginnen schon am Vorabend, ihre Stände in der gesamten Innenstadt aufzubauen. Das Angebot reicht von der Socke bis zum Trecker und auch für das leibliche Wohl sorgen zahlreiche Händler mit Reibekuchen, Backfisch, Glühwein und rheinischen Spezialitäten. Viel zu sehen, zu schmecken und zu riechen also.

Der Andreasmarkt findet jährlich am Montag nach dem ersten Adventssonntag statt.

Ofensuppe (für 12 Personen)

Von Anneliese Ohrem

1,5 kg Schnitzelfleisch	kalt abspülen, trockentupfen, in Würfel schneiden und in einen ofenfesten Topf geben. Mit
Salz, Pfeffer (frisch gemahlen)	sowie
3 EL gekörnte Fleischbrühe	würzen.
6 mittelgroße Zwiebeln	abziehen, fein würfeln und zum Fleisch geben.
1060 g Champignons (Abtropfgewicht)	in Scheiben mit der Flüssigkeit in den Topf geben.
330 g Tomatenpaprika (Abtropfgewicht)	abtropfen lassen und zusammen mit
500 g TK-Erbsen	und
490 g Ananasstücke (Abtropfgewicht)	in den Topf geben. Mit
640 g Chili-Fonduesoße	sowie
1 l Sahne	und
225 g scharfer Curryketchup	auffüllen. Zum Schluss
750 ml Wasser	darübergeben, so dass die Suppe bedeckt ist. Das Ganze leicht durchrühren und eventuell etwas Wasser nachgießen. Bei 200 °C im Backofen etwa 60 bis 90 Minuten garen.

36 Meter hoch ragt der Indemann bei Lucherberg auf der Goltsteinkuppe in die Höhe. Zusammengesetzt aus 20 000 stählernen Einzelteilen wiegt er stolze 280 Tonnen. Von seinen zahlreichen Aussichtsplattformen bietet sich ein weit reichender, spektakulärer Rundumblick auf eine Landschaft, die sich in ständigem Wandel befindet.

Knubbelsuppe

Von Ria Dahmen

1 l Milch	erwärmen.
5 – 6 EL Mehl	sowie
2 Eier	und
2 EL Zucker	mit den Händen vermischen. Mit einem Teelöffel vom Rand kleine Klumpen abstreifen und in die Milch geben. Je weniger heiß die Milch ist, umso mehr bindet sie ab und die Klumpen werden lockerer. Die Milchsuppe zum Kochen bringen.

Wer die Milchsuppe zusätzlich noch abbinden möchte, kann 100 ml Milch mit ½ Päckchen Vanillepuddingpulver hineinrühren und dann aufkochen.

Stangenbohnen-Eintopf

Von Sieghild Berns

200 g Speck (durchwachsen)	würfeln und in einem großen Topf mit
40 g Margarine	andünsten.
600 – 700 g Stangenbohnen	putzen, schnibbeln, dazugeben und
250 ml Gemüsebrühe	auffüllen. Anschließend
2 saure Äpfel (Boskop)	und
500 g Kartoffeln	
1 Zwiebel	sowie
3 mittelgroße Tomaten	würfeln und alles mit in den Topf geben. Zum Schluss
Bohnenkraut	
Pfeffer, Salz (bei Bedarf)	dazugeben und eventuell am Ende noch einmal abschmecken. Garzeit: mit rohen Bohnen 1 Stunde, mit gefrorenen Bohnen 40 Minuten.

Nachts leuchtet der Indemann in stets wechselnden Farben.

Wirsingeintopf

Von Kathi Lürken

1 kg Wirsing	putzen, die groben Rippen heraustrennen, fein schneiden, waschen und in
2 l Salzwasser	und
1 Msp. Natron	bissfest garen,
1 kg Kartoffeln	schälen und in
Salzwasser	kochen, dann stampfen mit
1 EL Butter	sowie
125 ml Milch	und
Salz	
Muskat	
Pfeffer	Kartoffelpüree herstellen.
1 Zwiebel	würfeln sowie
1 Knoblauchzehe	pressen,
1 EL Butter	auslassen und mit
500 g gemischtes Hackfleisch	krümelig braten. Püree, Wirsing, Hackfleisch mischen und nochmals kräftig abschmecken.

Je nach Geschmack mit Apfelkompott oder eingelegten Gurken servieren. Dieser Eintopf kann auch mit Weißkohl zubereitet werden.

Leute, esst Kappes, es ist genug da!

Himmel und Erde mit Blutwurst

1 kg Kartoffeln	schälen, waschen, vierteln und in Salzwasser weich kochen.
1 kg Äpfel	schälen, vierteln, Kerngehäuse entfernen und mit
2 EL Zucker	und
1 EL Zitronensaft	zu Mus kochen, die Kartoffeln stampfen und mit den Äpfeln vermischen. Mit
½ TL Salz	
1 Prise Pfeffer	sowie
1 Prise Muskat	abschmecken und warm halten.
100 g durchwachsener Räucherspeck	fein würfeln und gut ausbraten.
2 Zwiebeln	abziehen, in Scheiben schneiden, dazugeben und goldbraun werden lassen. Beides aus der Pfanne nehmen.
500 g Blutwurst	in 1 cm dicke Scheiben schneiden und in der Pfanne im Speckfett von beiden Seiten anbraten. Die Wurst auf das Kartoffel-Apfel-Gemisch legen und mit dem Speck und den Zwiebelringen belegen.

Die Museumstöpferei in Langerwehe

Von Mühlen, Teichen und Papier

Von Renate Xhonneux

Seit mehr als 1000 Jahren gibt es Wassermühlen in unserer Heimat. Die meisten wurden zwischen 1300 und 1600 gegründet. Um hier im Flachland eine stets gleich bleibende Wasserkraft zur Verfügung zu haben, legte man seit dem Mittelalter parallel zu Rur und Inde die ersten Mühlenteiche an. Von Hetzingen im Süden bis Linnich im Norden gab es im Laufe der Geschichte um die 100 Wassermühlen an rund 15 mehr oder weniger langen Mühlenteichen.
Die große Mehrheit der Wassermühlen waren Getreidemühlen zum Mahlen des Brotgetreides. Andere waren Schrotmühlen für Viehfutter, Schälmühlen, in denen aus Gerste Graupen geschält wurden – ein Hauptnahrungsmittel früherer Zeit. Es gab Ölmühlen, in denen Öl aus Raps, Rübsamen und Leinöl hergestellt wurde, Sägemühlen zum Schneiden von Holz, Lohmühlen für die Herstellung von Gerberlohe aus Eichenrinde zur Lederbearbeitung, Waidmühlen zur Gewinnung von blauem Farbstoff aus Färberwaid, Pulvermühlen zur Herstellung von Schießpulver, Pochmühlen zur Zerkleinerung von Erz. Hinzu kamen die

Die Pleußmühle in Düren, früher Holzmühle genannt, wurde als Getreidemühle bereits 1261 erwähnt. Die Mühle war bis 1969 in Betrieb. Das Gebäude wurde nach der Zerstörung 1944 neu errichtet und zwischen 1988 und 1991 zu einem kulturellen Kommunikationszentrum (KOMM) ausgebaut. Der Lokalsender »Radio Rur« hat hier seit 1992 seinen Sitz.

Hammerwerke in den Kupfer-, Messing- und Eisenhütten.
Und schließlich waren da noch die Papiermühlen. Die erste arbeitete schon 1579 in Krauthausen bei Düren. Angezogen durch günstige Produktionsvoraussetzungen, wie etwa die reichen Wasservorkommen und die gute Qualität des Rur- und Indewassers, arbeiteten im 19. Jahrhundert über 40 Papiermühlen im Raum Düren, Jülich und Euskirchen. Diese Konzentration war einzigartig.
Der textile Rohstoff wuchs auf den Flachsfeldern der Jülicher und Zülpicher Börde in Massen heran. Papier wurde zu jener Zeit nämlich aus textilen Abfällen und Lumpen (Hadern) hergestellt. Nach dem Zerkleinern und Waschen wurden die Lumpen durch Stampfhämmer in Wassertrögen zerstampft. Dann schöpfte der Papiermacher mit einem Sieb Lage für Lage das Papier, das anschließend geleimt, gepresst, getrocknet und geglättet wurde. Beim Stampfen, Rühren und Pressen half die Wasserkraft, der Rest war Handarbeit.

Der Dürener Mühlenteich, der als Teil der Dürener Pfalz in seinem Ursprung ins 8. Jahrhundert zurückgeht, wurde 2013 in die Denkmalliste der Stadt Düren eingetragen.

Das Mühlrad der Pleußmühle in Düren

Die erste Papiermaschine für die Herstellung von Endlospapier wurde 1837 in der Papierfabrik in Lamersdorf aufgestellt, zwei Jahre später in der Papierfabrik Inden und 1841 auf dem Schoellershammer in Niederau.
Im Zuge der Industrialisierung im 19. Jahrhundert wurden aus den Papiermühlen Papierfabriken. Dort wurden Walzen, Maschinen, Metallsiebe, Filztücher und Chemikalien benötigt. Für die Betriebe der seit langem ansässigen Textil- und Metallindustrie (der Hammerwerke) entwickelte sich ein neuer Markt. Es bildete sich eine regelrechte Zulieferindustrie. Dieses enge Nebeneinander von Papierfabriken und Zulieferbetrieben im Dürener Raum ist eine Besonderheit und in Deutschland bis heute einzigartig.

Biersuppe

Rezept aus dem Jahr 1943 von Monika Offergeld

750 ml Bier	mit
250 ml Wasser	
10 g Zucker	
1 Prise Salz	
1 kleines Stück Zimtstange	und
1 Gewürznelke	zusammen aufkochen.
20 g Kartoffelstärke	mit
1 Eigelb	verquirlen und unter Rühren in die kochende Flüssigkeit gießen.
1 Eiweiß	steifschlagen, die Suppe von der Kochstelle ziehen und das Eiweiß unterheben.

Jägerkohl

Von Gisela Rey

1 Zwiebel	abziehen und würfeln.
1 Kopf Weißkohl	fein hobeln und
1 Apfel	klein schneiden.
100 g fetter Speck	klein schneiden und in einem Topf auslassen. Zwiebeln, Apfel und Weißkohl dazugeben. Mit
1 TL Salz	
2 EL Essig	und
2 EL Zucker	würzen.
100 ml Wasser	zugeben und gar dünsten. Den Kohl anschließend süßsauer abschmecken.

**Es tanzt die schöne Libelle
wohl auf des Baches Welle;
sie tanzt daher, sie tanzt dahin,
die schimmernde, flimmernde Gauklerin.
(Heinrich Heine »Die Libelle«)**

Rhabarbersuppe

Rezept aus dem Jahr 1943 von Monika Offergeld

500 g Rhabarber	waschen, schälen und in Stücke schneiden. Den Rhabarber in
1 l Wasser	geben und zum Kochen bringen.
3 EL Zucker	hinzufügen.
15 g Kartoffelstärke	mit Wasser anrühren und Suppe damit binden.

Eine kalte, erfrischende Sommersuppe. Man kann sie auch mit Vanillepuddingpulver binden, dann schmeckt sie etwas lieblicher.

Buttermilch-Bohnen-Suppe

Von Karola Cremer

500 g Kartoffeln	schälen, gar kochen, mit einer Gabel zerquetschen.
250 g grüne Brechbohnen	putzen und garen. Nun
1 l Buttermilch	mit
250 ml Sahne	und
1 Pck. Vanillepuddingpulver	unter Rühren zum Kochen bringen. Kartoffeln und Bohnen dazugeben und unterheben. Mit
Salz	abschmecken.

Gut Merberich bei Langerwehe

Kräutersalat

Von Gertrud Harsch

3 – 4 Äpfel	schälen, Kerngehäuse entfernen. die Äpfel erst in Achtel, dann in Scheiben schneiden, mit
1 EL Zitronensaft	beträufeln.
2 mittelgroße Salatgurken	schälen und in Stifte schneiden.
2 Bund Schnittlauch	in Röllchen schneiden.
2 Bund Petersilie	klein hacken. Alle Zutaten in eine Schüssel geben. Mit
Salz, Pfeffer, Zucker	abschmecken und gut vermischen. Für die Salatsoße
2 EL Mayonnaise	mit
3 EL Crème fraîche	
8 EL Sahne	
1 EL Zitronensaft	
1 TL Zucker	und
Salz, Pfeffer	verrühren, abschmecken. Die Soße über den Salat geben und gut vermischen.

Kräuterbeet

Lollo Rosso mit Käse

Von Trudi Schmitz-Schunken

1 Kopf Lollo Rosso	waschen, zerpflücken und auf eine Platte legen,
3 Tomaten	in Achtel schneiden,
2 Zwiebeln	und
50 g Roquefort-Käse	würfeln und darübergeben.

Marinade

1 EL Senf	mit
4 EL Sherry-Essig	
4 EL Sahne	und
3 EL Öl	mischen.
1 Bund Petersilie	fein hacken und oben auf das Dressing streuen. Das Dressing über dem Salat verteilen.

Salat mit Specksoße

Von Renate Xhonneux

1 kg festkochende Kartoffeln	waschen, mit der Schale kochen, dann pellen und in Scheiben schneiden.
100 g durchwachsener Speck	und
2 Zwiebeln	fein würfeln, beides in
1 EL Margarine	auslassen und leicht bräunen.
1 EL Mehl	zugeben und anschwitzen. Mit
250 ml Wasser oder Brühe	unter kräftigem Rühren ablöschen. Die Soße mit
Salz, Pfeffer	und
etwas Essig (nach Geschmack)	abschmecken. Die Kartoffelscheiben unterheben.
1 Kopf Salat (Kopfsalat oder Endivien)	waschen, klein zupfen und ebenfalls unterheben.

Er hat ein ruhiges Plätzchen gefunden.

Löwenzahnsalat – Ketteschlat

Von Karola Daniel

Früher sagte man, dass in der »Ketteschlat-Zeck (Zeit) der Doktor net vell zu doon hott, weil die su jesond es«; das heißt in der Zeit, in der der Löwenzahnsalat gegessen wurde, hatte der Doktor nicht viel zu tun, weil der Salat so gesund ist.

2 kg Kartoffeln	schälen, gar kochen und stampfen.
750 g Löwenzahn	verlesen, waschen, schneiden.
150 g durchwachsener Speck	in Würfel schneiden und auslassen. Speckwürfel aus der Pfanne nehmen und zur Seite stellen.
2 dicke Zwiebeln	schälen, in Würfel schneiden und im ausgelassenen Fett hellbraun rösten, dann
250 ml Wasser	auffüllen. Mit
Salz, Pfeffer, Essig	und
150 ml Sahne	herzhaft abschmecken. Zuletzt die gestampften Kartoffeln und den Salat unter die Soße heben. Mit den ausgelassenen Speckwürfeln bestreuen und mit
4 Eier	hart gekocht oder als Spiegelei servieren.

Das gleiche Rezept kann man auch mit Endiviensalat zubereiten.

Der Löwenzahn ist vor allem für Kaninchen eine beliebte Futterpflanze. Als Salat schmecken die jungen Blätter aber auch uns Menschen hervorragend. Als Kinder haben wir aus den Blüten der »Kettensträucher« Ketten gebastelt.

Golzheim im Jahre 2015

Von Johannes Müller

Der in der Zülpicher Börde liegende Ort Golzheim feiert 2015 sein 1000-jähriges Bestehen.

Auf dem Jakobsweg in Golzheim

Im Golzheimer Pfarrgarten steht – beschirmt von 500-jährigen alten Eiben – die Fátimakapelle. Anlässlich des 40. Jahrestages der Erscheinung Mariens in Fátima wurde sie 1957 erbaut. Die Marienstatue hat der damalige Pfarrer, Herr Peter Hauser, von einer Fátimawallfahrt am 13. Oktober 1957 mitgebracht. Unter der Bodenplatte der Kapelle ruht Erde von den Gräbern der Hirtenkinder Jacinta und Francisco Marto. Höhepunkt der Golzheimer Marienverehrung ist die jährliche Fátimafeier an einem Sonntag im Oktober.

Die Kapelle liegt am Jakobspilgerweg, der von Wuppertal nach Aachen führt. Golzheim ist sehr pilgerfreundlich mit Begrüßungs- und Verabschiedungsschild. Eine erfahrene Pilgerin, Hildegard Pott, sagt hierzu: »Nirgendwo habe ich erlebt, dass Pilger auf ihrer Tagesetappe so freundlich begrüßt und geleitet worden sind. Neben den erwähnten Schildern findet man auch Hinweise für eine Stempelnahme.«

Im neuen Baugebiet in Golzheim »Zur Römervilla« wurden 2005/2006 die Grundrisse einer römischen Villa und deren Nebengebäude freigelegt. Anhand von Funden konnte Aufschluss über die damalige Besiedlung gegeben werden. Im Jahre 2012 wurden auf diesen Grundrissen Spielfelder für Kinder und ein Vielgenerationenplatz angelegt.

Die Fátimakapelle in Golzheim

Salat von Frühkartoffeln mit Kräuterquark

Von Karin Käufer

500 g Frühkartoffeln	gut waschen und bürsten, dann weich kochen und mit kaltem Wasser gut abschwenken, etwas abkühlen lassen und mit Schale in feine Scheiben schneiden. In eine Schüssel geben und mit
250 ml Gemüsebrühe (heiß)	übergießen.
2 Lauchzwiebeln	ganz fein schneiden.
2 Tomaten	in Scheiben schneiden.
1 kleine Salatgurke	würfeln. Alles zu den Kartoffeln geben. Den Salat mit
2 Msp. Curry	sowie
2 EL Apfelessig	
2 EL Distelöl	und
Salz, Pfeffer	würzen und gut vermischen.

Kräuterquark

100 g Sahnequark	mit
4 EL Kefir	und
2 EL Olivenöl	verrühren. Mit
Salz, Pfeffer, Cayennepfeffer	würzen.
1 EL Schnittlauch	
1 EL Blattpetersilie	
1 EL Kerbel	und
3 Borretschblätter	fein schneiden und die Kräuter unter die Quarkmasse mischen.

Große Äcker, Chausseen und Windräder bestimmen die Bördelandschaft nördlich von Jülich.

Mehr als 80 Prozent der Gemeindefläche von Titz wird landwirtschaftlich genutzt. Dass das schon lange so ist, davon künden große Bauernhöfe.

Wintersalat (für 6 Personen)

Von Marlies Dohmen

2 grüne Paprikaschoten	Kerne entfernen, in Würfel schneiden.
1 Kopf Endiviensalat	in Streifen schneiden und
3 Stangen Staudensellerie	in kleine Stücke schneiden. Dann
½ Bund Petersilie	klein hacken und
1 Dose Maiskörner (à 400 g)	ohne Sud dazugeben. Alle Zutaten mischen.

Salatsoße

100 ml Wasser	mit
1 TL Instant-Gemüsebrühe	und
1 Knoblauchzehe (gehackt)	aufkochen und abkühlen lassen. Anschließend
2 EL Weißweinessig	und
1 TL Balsamico-Essig	
½ TL Senf	
Salz, weißer Pfeffer (gemahlen)	sowie
3 EL Salatöl	in die Brühe rühren. Die Soße mit dem Salat mischen und 10 Minuten ziehen lassen, dann nochmals abschmecken.

**Winterlinge –
wie schön anzusehen!**

Wie hier in Titz reihen sich in den Hauptstraßen vieler Dörfer die Häuser dicht aneinander. Bald jedes von ihnen hat eine Toreinfahrt.

Reissalat »Samurai«

Von Kathi Lürken

125 g Langkornreis	nach Packungsanleitung körnig kochen und auskühlen lassen.
125 g Mayonnaise	zugeben und mit
1 EL Sojasoße	
1 EL Zucker	und
1 Msp. Salz	pikant abschmecken.
2 Paprikaschoten	entkernen, in kleine Würfel schneiden.
125 g Kochschinken oder Rindfleisch	in feine Streifen schneiden. Von
1 Dose Mandarinen (à 340 g)	den Saft abgießen und anschließend alle Zutaten unter den Salat heben und mindestens 2 Stunden durchziehen lassen. Mit
Salz	und
Sojasoße	nachwürzen.

Originelle Hofdeko

Im Kreis Düren leben 16 verschiedene Fledermausarten, die des besonderen Schutzes bedürfen. Die Zitadelle in Jülich ist beispielsweise ein wichtiges Überwinterungsquartier, auch für das »Braune Langohr«.

Scharfer Nudelsalat (für 10 Personen)

Von Ria Dahmen

500 g Nudeln	in
2 l Salzwasser	8 Minuten garen.
1 Bund Frühlingszwiebeln	putzen, waschen und in feine Ringe schneiden.
1 Zwiebel	schälen und fein hacken.
400 g Tomaten	waschen, abtrocknen, halbieren, entkernen und in kleine Würfel schneiden.
3 Knoblauchzehen	schälen und durchpressen. Die Nudeln mit dem Gemüse mischen. Für die Soße
100 ml Balsamico-Essig	
1 – 2 EL Sambal Oelek	
Salz	und
100 ml Olivenöl	verrühren und unter den Nudelsalat heben. Mindestens 1 Stunde durchziehen lassen.

Schinken-Lauch-Salat

Von Barbara Sluschny

1 große Stange Lauch	in dünne Ringe schneiden, in eine Schüssel geben.
200 g Kochschinken	würfeln, dazugeben.
3 EL Mayonnaise	mit
Salz, Pfeffer	und
1 Prise Zucker	mischen, zum Salat geben und alles gut vermischen. Etwa 1 Stunde ziehen lassen.

Wer will, kann den Lauch kurz in heißes Wasser geben und dann kalt abspülen.

Auch das ist Kultur – Lesefutter rund um die Uhr. Die offenen Bücherschränke von RWE stehen in vielen Gemeinden des Kreises, wie hier in Inden.

Braunkohle im Dürener Land

Von Renate Xhonneux

Der Braunkohlenbergbau im Dürener Land begann 1821 bei Lucherberg. Zwei Gruben bei Zülpich sowie eine bei Stockheim kamen hinzu. Die von Hand geförderte Kohle wurde zu »Klütten« verarbeitet. Dieser Vorläufer des modernen Briketts konnte sich gegen die Steinkohle aus dem Eschweiler Revier jedoch nicht behaupten. Die frühen Gruben wurden stillgelegt. Um 1900 lebte der Bergbau jedoch wieder auf. In den Tagebauen Düren, Konzendorf und Lucherberg sowie im Tagebau »Zukunft« bei Weisweiler wurde für die Brikettfabriken Lucherberg und Weisweiler und für das alte Kraftwerk Weisweiler Kohle gefördert.

Nach dem Zweiten Weltkrieg beschloss die britische Militärregierung den Bau des heutigen RWE Kraftwerks Weisweiler an der Autobahn A4. Das Kraftwerk nahm 1955 den Betrieb auf. Im Hintergrund der Tagebau Inden und am Horizont die Sophienhöhe.

Luftaufnahme des Tagebau Hambach

Um an die tief liegende Kohle zu gelangen, wurde von 1941 bis 1949 bei Morschenich eine mehr als 300 Meter tiefe Schachtanlage als Versuchsbergwerk betrieben. Der Versuch scheiterte, denn das lockere Deckgebirge ließ keinen wirtschaftlichen Untertagebetrieb zu. Seit der Mitte des 20. Jahrhunderts verfügte man über die technischen Mittel, die tief liegende Braunkohle abzubauen. Seitdem ist die Kohleförderung auf wenige Großtagebaue konzentriert. Im rheinischen Revier gibt es nur noch drei Tagebaue: Garzweiler, Hambach und Inden. Die beiden letzten erstrecken sich auf Dürener Kreisgebiet.

Der Tagebau Inden ist der kleinste der Tieftagebaue. Seine Kohleflöze sind bis zu 45 Meter stark und liegen bis zu 230 Meter tief. Seine Kohle versorgt das benachbarte Kraftwerk Weisweiler. Bis ins Jahr 2035 werden hier jährlich zwischen 20 und 25 Millionen Tonnen Kohle verstromt.

Der Tagebau Hambach ist ein Tagebau der Superlative. Die Kohleflöze sind bis 100 Meter stark und liegen bis über 400 Meter tief. Seit 1978 tragen Schaufelradbagger enorme Mengen Abraum ab, um 2,5 Milliarden Tonnen Kohle zu gewinnen für die Kraftwerke an der Erft.

Ende der 1980er Jahre stand das »Isweiler Feld« bei Nörvenich-Irresheim als mögliche Alternative zum beantragten Anschlussfeld Garzweiler II kurzzeitig zur Diskussion. Doch diese Variante wurde, weil es ein Neuaufschluss gewesen wäre, als unwirtschaftlich bewertet.

Mensch und Maschine

Über 10 000 Menschen arbeiten heute in den Tagebauen, Kraftwerken, Veredlungs- und Instandhaltungsbetrieben, unter ihnen rund 800 Auszubildende. Hinzu kommen Tausende von Arbeitsplätzen bei Dienstleistern und Zulieferern aus der Region. Die Tagebaue Garzweiler, Hambach und Inden sind noch immer Säulen der rheinischen Energiewirtschaft, die 2012 rund 16 Prozent des gesamtdeutschen Strombedarfs deckten.

Die frei liegende Braunkohle wird abgebaut.

Den Tagebauen gehen die Umsiedlungen vieler Dörfer voraus. Seit Anfang der 1950er Jahre mussten für die Tagebaue »Zukunft« und Inden mehr als 7500 Menschen aus Langweiler, Laurenzberg, Lürken, Langendorf, Obermerz, Gut Hausen und Velau, aus Erberich, Pützlohn, Lohn, Pattern, Altdorf, Inden und Pier mit Haus Pesch, Pommenich, Haus Verken und Vilvenich den Baggern weichen. Vom Tagebau Hambach sind im Kreis Düren über 5000 Menschen in Lich-Steinstraß und Morschenich betroffen. Im Zuge einer vom Bergbau bedingten Umsiedlung haben die Betroffenen keine Wahl, das Recht stellt das Allgemeinwohl an einer gesicherten Stromversorgung über das Eigentumsrecht. Ein Recht auf Heimat gibt es nach unserer Rechtsordnung nicht, wie das Bundesverfassungsgericht erst im Dezember 2013 bestätigt hat.

Die Entschädigungszahlungen der RWE Power AG fangen die finanzielle Seite der Umsiedlung zum größten Teil auf. In aller Regel ziehen die Umsiedler an einen gemeinsam ausgewählten Ort um und zerstreuen sich nicht in alle Winde. Die schwierige Zeit des Umsiedlungsprozesses verlangt über Jahre hinweg viel emotionale und körperliche Kraft. Für diese zweifellos große Leistung gebührt diesen Menschen und auch den Dorfgemeinschaften aller Respekt.

Auch die Inde musste »umsiedeln«: Zwischen Lamersdorf und Kirchberg wurden fünf Kilometer des Flussbettes durch ein rund zwölf Kilometer langes, neu angelegtes Flussbett ersetzt, das sich durch eine bis zu 300 Meter breite Aue windet – auf verkippten Böden im bereits ausgekohlten Tagebaubereich.

Senfsoße

Von Helga Wagner

20 g Butter oder Margarine	in einem Topf erhitzen.
1 TL geriebene Zwiebel	dazugeben und anschwitzen, bis die Zwiebeln glasig sind.
40 g Mehl	unterrühren.
250 ml Rinderbrühe	langsam aufgießen und unterrühren, bis eine geschmeidige Soße entsteht, abkühlen lassen.
1 EL Senf	unterrühren.
1 Eigelb	mit
1 EL Zitronensaft	sowie
1 Msp. Zucker	mischen
125 ml Öl	langsam tropfenweise unterrühren und mit der Mehlschwitze mischen. Zum Verfeinern
50 ml Sahne	unterrühren.

Die Soße schmeckt gut mit harten Eiern (garniert mit Petersilie) sowie zu gekochtem Rindfleisch.

Die alte Kirche von Langerwehe auf dem Rymelsberg ist über 800 Jahre alt. Ursprünglich lag hier das Zentrum der Töpfereien, bevor diese sich ab dem 13. Jahrhundert auf dem Uhlhaus niederließen. Das Uhlhaus ist der Teil der heutigen Hauptstraße von Langerwehe, an dem sich noch zwei Töpfereien befinden. Jahrhunderte lang verlief hier die direkte Verbindung von Köln nach Aachen.

Grüne Kräutersoße

Von Elisabeth Reinartz

100 g Mayonnaise	mit
300 g saure Sahne	und dem Saft von
½ Zitrone	sowie
1 hart gekochtes Ei	
½ TL Salz	
¼ TL Pfeffer	und
1 Msp. Zucker	zusammen schnell verrühren.
150 – 200 g frische Gartenkräuter (z.B. Kresse, Petersilie, Liebstöckel, Zitronenmelisse, Schnittlauch, Brunnenkresse, Borretsch)	verlesen und hacken. Die Kräuter unter die vorbereitete Masse rühren.

Diese Soße passt gut zu Pellkartoffeln, verlorenen Eiern, hart gekochten Eiern und Grillfleisch.

Pfirsichsalat

Von Waltraud Robens

3 Dosen Pfirsiche (à 720 g)	und
1 Bund Lauchzwiebeln	sowie
12 Scheiben Kochschinken	in Würfel schneiden.
1 Glas Sojakeimlinge (à 330 g)	unterheben.
50 g Mayonnaise	mit
20 g Ketchup	
Currypulver	und
je 1 Msp. Salz, Pfeffer	verrühren und die Zutaten unterheben.

Dieser Salat ist sehr fruchtig und passt zu Grillfleisch.

Ob die Katze wohl Schneewittchen heißt?

Rheinischer Döppekooche (Kartoffelkuchen)

2,5 kg Kartoffeln	schälen, fein raspeln.
4 Zwiebeln	klein hacken, zu den Kartoffeln geben.
3 Eier	
Salz, Pfeffer, Muskat	und bei Bedarf
1 – 2 EL Kartoffelpüreepulver	dazugeben, alles gut verrühren. In einen Gussbräter
2 EL Öl	und dann die gesamte Kartoffelmasse geben, mit
100 g Speckstreifen	belegen.
2 EL Öl	darübergeben. Im Backofen etwa 1 bis 2 Stunden bei 200 °C backen.

Die Marien-Apotheke in Aldenhoven, hier ein Bild aus den 1930er Jahren, wurde um 1800 gegründet. Sie gehört damit zu den ältesten Apotheken des Altkreises Jülich. Leider wurde das nach Plänen des bekannten Aachener Architekten Couven erbaute Gebäude im Zweiten Weltkrieg vollkommen zerstört. An gleicher Stelle steht heute ebenfalls die Marien-Apotheke.

Der Kartoffelkäfer und seine gefräßige Brut ernähren sich ausschließlich von Nachtschattengewächsen. Ohne Bekämpfung können sie zur Plage werden und ganze Ernten vernichten.

Rheinische Reibekuchen

Von Helga Becker

1,5 kg Kartoffeln	schälen und mittelfein bis fein reiben.
1 große Zwiebel	schälen, in kleine Würfel schneiden. Kartoffeln mit Zwiebeln sowie
3 Eier	
1½ TL Salz	
¼ TL Pfeffer	
1 Prise Muskat	und
2 EL Mehl oder Haferflocken	zu einem Teig verarbeiten. Aus dem Teig in einer Pfanne in heißem
Öl	kleine Reibekuchen backen.

Dazu schmeckt sehr gut Apfelmus, Rübenkraut oder auch Räucherlachs.

Wer will, kann die Hälfte der Kartoffeln auch durch andere Gemüsesorten ersetzen, zum Beispiel Möhren, Kohlrabi, Blumenkohl.

Viele fleißige Hände werden gebraucht, wenn die Kreuzauer LandFrauen ihren Reibekuchenteig vorbereiten.

Glasmalerei – Museum Linnich: Wilhelm Teuwen – Drei sitzende Frauen

Die Wirtin und ihre Reibekuchen

Von Ferdinand Schmidt (†)

Da das Aachener Bergbaurevier in den 1950er Jahren zufriedene und sesshafte Bergleute brauchte, die gute Arbeit leisteten, sollten Bergleute aus ganz Deutschland hier in Aldenhoven mit ihren Familien eine neue Heimat finden. Zuvor musste die Siedlungsgesellschaft »Neue Heimat« in Aldenhoven Bergarbeitersiedlungen mit erschwinglichen Mieten und kleinen Gärten hinter den Häusern errichten. Die Bauhandwerker, die man dazu brauchte, kamen ebenfalls aus ganz Deutschland.
Wir waren drei Mann aus dem Westerwald und montierten Terrazzo-Treppen in die Wohnblöcke ein. Auch Flure und Podeste haben wir mit Terrazzo-Platten belegt. Oft haben wir im Schein einer Karbidlampe bis nachts um 24 Uhr oder

Eine ganz schön heiße Sache! Kreuzauer LandFrauen backen und verkaufen heiß begehrte Reibekuchen.

Gänseküken

1 Uhr gearbeitet. So konnten wir Zeit sparen und an den Wochenenden nach Hause fahren.
Wochentags wohnten wir in den halbfertigen Häusern in einem Kellerraum. Wir schliefen auf Stahlbetten und heizten mit einem Kanonenofen, auf dem wir auch kochten. Das Ofenrohr führten wir durch ein Kellerfenster nach draußen. Als Tische dienten uns unsere Holzkoffer. Andere Bauhandwerker wohnten in Hotels und Pensionen.
Auch wir wohnten einmal – nach der Fertigstellung eines Wohnblocks – im Hotel »Zur Alten Post«. Dieses Hotel hatte die ehemalige Waschküche als Schlaf- und Wohnraum eingerichtet. Dort schliefen wir in Etagenbetten. Im Hotel war auch das Baubüro untergebracht. Es waren von unserer Handwerkertruppe sechs bis acht Logiergäste mit Vollpension im Hotel.
Eines Sonntagnachmittags gingen wir nach Dürboslar auf die Kirmes. Dort gab es einfache Holzbuden, welche, so wie auch heute auf der Kirmes, viel zu Essen anboten, Wurst, Waffeln, Eis und für uns Westerwälder völlig unbekannte, in Fett gebackene Kartoffelstäbchen – Fritten genannt. Hier aßen wir also zum ersten Mal im Leben »Pommes frites«. Klar, dass wir beim Abendbrot im Hotel »Zur Alten Post« bei der Familie Opfergelt davon sprachen. »Wo kommen diese Fritten her?«, war unsere Frage. Aus Belgien, lautete die Antwort. Wir meinten, dass die Kartoffelpuffer zuhause im Westerwald zehnmal besser schmecken würden als diese Fritten. Überhaupt zweifelten wir, ob man im Rheinland ebenfalls solch gute Kartoffelpuffer oder Reibekuchen, wie man sie auch nennt, machen könnte wie im Westerwald.
Die Wirtin des Hotels, Frau Opfergelt, eine geborene Baumann, hatte unsere lebhafte Diskussion mit angehört. Sie wurde vom Ehrgeiz gepackt und wollte uns beweisen, dass sie genauso schmackhafte Kartoffelpuffer backen konnte, wie unsere Mütter im Westerwald. Kurzerhand lud sie uns zum kostenlosen Kartoffelpufferessen in der nächsten Woche ein. Ein jeder könne sich satt essen, versprach sie uns.
Bei uns zu Haus ist es üblich, zu Kartoffelpuffern eine dicke Suppe anzubieten. Nicht so hier im Rheinland. Stattdessen brachte der Wirt einen gehäuften Teller mit Kartoffelpuffern nach dem anderen in den Speiseraum herein. Wir waren junge Männer und konnten gut arbeiten – aber auch gut essen und die Puffer schmeckten wirklich hervorragend.
Sechs bis acht hungrige, junge Bauhandwerker können eine Menge Kartoffelpuffer verdrücken, damit hatte die Wirtin nicht gerechnet. Das Essen dauerte dann auch so lange, bis die Wirtin schweißbedeckt und mit hochrotem Gesicht in den Raum kam und verkündete, sie habe keine Eier, kein Öl und keine Kartoffeln mehr, nun sei Feierabend.
Wir haben noch oft im Hotel »zur Alten Post« gewohnt, aber nie mehr hat uns die Wirtin zum kostenlosen Essen eingeladen.

Liebliche Maßliebchen

Zucchini-Spießchen

Von Karin Käufer

4 mittelgroße Zucchini	waschen, die Enden abschneiden und die Zucchini jeweils in sechs längliche Scheiben schneiden. In
1 l Wasser	mit
½ TL Salz	blanchieren (10 Sekunden). Dann auf eine Platte legen. Zucchini-Scheiben mit
50 g Walnüsse (gehackt)	
16 Basilikumblätter (gehackt)	und
80 g Goudakäse (in Scheiben)	belegen, aufrollen und mit 24 Zahnstochern feststecken. Eine Bratpfanne nicht zu sehr erhitzen und die Spießchen in
50 g Butter	goldbraun braten, dann beiseitelegen.

Weißweinsoße

1 Schalotte	klein würfeln und in der Pfanne anschwitzen.
50 g gehackte Walnüsse	dazugeben.
40 ml Weinbrand	zufügen und anzünden, mit
100 ml Weißwein (trocken)	ablöschen und einkochen lassen.
200 g Crème fraîche	dazugeben und köcheln lassen. Zucchinispießchen auf Tellern anrichten, die Soße darübergeben und mit
1 TL rosa Pfefferkörner	dekorieren.

Zwiebelernte bei Langerwehe

Karamellisierte Zwiebeln

750 g Schalotten	in eine kleine Schüssel geben und mit kochendem Wasser überbrühen. Eine Minute lang stehen lassen, dann mit kaltem Wasser abschrecken. Schalotten dann erst schälen und darauf achten, dass sie alle etwa die gleiche Größe haben. Die größeren halbieren. In eine ofenfeste Schale geben.
1 EL Balsamico-Essig	mit
1 EL Olivenöl extra vergine	
Salz	vermischen.
1 Hand voll Thymianzweige	dazugeben, alles in die Schale geben und bei 160 °C im Umluftbackofen 30 Minuten backen, bis die Schalotten leicht gebräunt sind. Vor dem Servieren mit einem Spieß oder mit einem spitzen Messer eine Garprobe machen.

Die Zwiebeln passen als Beilage zu dunklen Fleischgerichten oder zu Gegrilltem.

In Aldenhoven-Siersdorf hat sich mit der Kirche »Sankt Johannes der Täufer«, Pachthöfen, Wirtschaftsgebäuden und der Ruine des Herrenhauses die bauliche Substanz der ehemaligen Niederlassung des Deutschen Ordens weitgehend erhalten.

Herzhafte Kürbisrösti

Von Elli Freialdenhoven

4 – 6 mittelgroße Kartoffeln	schälen, grob in eine Schüssel reiben.
Etwa 400 g Kürbisfleisch (½ Hokkaido)	und
4 Schalotten	fein würfeln und alles vermengen.
80 g Reibekäse	und
2 Eier	dazugeben. Mit
Salz, Pfeffer, Muskat	kräftig würzen. Die Masse ein paar Minuten ziehen lassen und danach gut ausdrücken.
1 TL Butterschmalz	und
3 EL Öl	in einer Pfanne erhitzen, darin aus der Kartoffel-Kürbis-Masse beliebig große Rösti von beiden Seiten goldbraun braten.

Zu den Kürbis-Rösti schmeckt Räucherlachs mit Crème fraîche oder saurer Sahne.

Kartoffel-Schnippelkuchen

Von Elisabeth Hempsch

2 dicke Kartoffeln	schälen, grob reiben und
1 Zwiebel	abziehen, klein würfeln. Alles mit
1 Ei	und
1 TL Mehl	vermischen und mit
Salz, Pfeffer	nach Geschmack würzen.
Speckwürfel oder Öl	in einer mittelgroßen Pfanne erhitzen, die gesamte Masse in die Pfanne geben. Bei nicht zu starker Hitze anbraten und nach einiger Zeit wenden. Teils mit und ohne Deckel etwa 30 Minuten backen, bis der Schnippelkuchen goldgelb ist.

Dazu schmeckt grüner Salat oder Apfelkompott.

Die Frühkartoffeln sind reif.

Gedünsteter Grünspargel – mediterrane Art

Vom Spargelhof Lövenich

500 g grüner Spargel	untere Enden des Grünspargels schälen. Den Spargel in Stücke von etwa 3 bis 4 cm Länge schneiden. In einer Pfanne mit Deckel in etwas
Olivenöl	etwa 15 Minuten bei mittlerer bis geringer Hitze dünsten. Gegen Ende der Garzeit mit
Salz, Pfeffer	würzen.
100 g schwarze Oliven (entsteint)	und
200 g Kirschtomaten (geviertelt)	zugeben. Vor dem Servieren mit
Crema di Balsamico	garnieren und mit
Parmesan	bestreuen.

Die ältesten Teile der Ruine der alten Kirche in Merzenich sind 700 Jahre alt. Um 1900 wurde an anderer Stelle eine neue Kirche errichtet. Die alte Kirche wurde jahrzehntelang dem Verfall überlassen.

Schneckenspalier

Der Muttkrat-Brunnen

Von Karin Jansen

Vier Bronzefiguren, die auf verschiedene Weise mit Jülich verknüpft sind, stehen bei diesem von Bonifatius Stirnberg gestalteten Brunnen im Mittelpunkt. Dargestellt sind der Architekt Alessandro Pasqualini, der die Jülicher Idealstadt in der Renaissance entwarf, der Jülicher Landschaftsmaler Johann Wilhelm Schirmer, ein Forscher mit Rundkolben und Elementarzelle (der Nobelpreis für Physik ging 2007 an den Jülicher Forscher Prof. Peter Grünberg) und ein stattlicher Landwirt (Knollebuur) mit Getreideähren und der Zuckerrübe, dem weißen Gold, den typischen Erzeugnissen der Jülicher Region.
Minerva, die Göttin der Weisheit und Hüterin des Wissens, hält ihre Hände über den Brunnen. Dies bezieht sich auf Jülich als Forschungsstandort mit Solarinstitut und Forschungszentrum, der früheren Kernforschungsanlage.
Zu Füßen der Personen symbolisieren einige Kröten die Jülicher Stammbevölkerung, die sich selbst mit Stolz als Muttkrate bezeichnet. Auch wenn die Herkunft des Wortes wenig schmeichelhaft ist, die Bezeichnung leitet sich aus den Worten Mutt (Schlamm) und Krat (Kröte) ab. Die Kröten verkrochen sich nämlich bei Gefahr im Schlamm der Festungsgräben.
Im Wasser tummelt sich ein Schwarm Fische, vermutlich handelt es sich um Elritzen. Der Muttkrat-Brunnen wurde der Stadt Jülich 2011 vom »Freundeskreis El(l)ritzen« geschenkt.

Der Muttkrat-Brunnen am Jülicher Schlossplatz

Kartoffelpizza

Von Maria Schäkel

Kartoffelteig

1 kg Kartoffeln	schälen, grob raspeln und in eine Schüssel geben.
2 Zwiebeln	abziehen, grob raspeln und zur Kartoffelmasse geben.
3 Eier	in eine Tasse aufschlagen, ebenfalls dazugeben.
125 ml Sahne	und
100 g Goudakäse (gerieben)	unterrühren. Mit
Salz, Pfeffer	
Oregano	würzen und pikant abschmecken. Ein hohes Backblech einfetten, mit der Kartoffelmasse füllen und glatt streichen. Im vorgeheizten Backofen bei 200 °C (Umluft 180 °C) etwa 20 Minuten backen.

Füllung

500 g Tomaten	waschen und in Scheiben schneiden.
100 g Mozzarella	ebenfalls in Scheiben schneiden.
125 g Salamischeiben	in Streifen schneiden und auf die vorgebackene Kartoffelmasse geben. Darauf die Tomatenscheiben und dann den Mozzarella geben. Mit
Salz, Pfeffer	würzen. Zum Schluss
100 g geraspelter Goudakäse	auf der Pizza verteilen. Im Backofen weitere 20 Minuten überbacken.

Schmeckt gut mit frischem Blattsalat.
Kann nach Belieben auch mit anderen Zutaten belegt werden, z.B. Champignons, Kochschinken, usw.

Schweinefilet-Topf

Von Inge Macherey

1,5 kg Schweinefilet	in schmale Stücke schneiden, in
Fett	anbraten und mit
Salz, Pfeffer	würzen. Die Schweinefilets aus der Pfanne nehmen und zur Seite stellen. Den Fleischsud in der Pfanne lassen und bis zur Zubereitung der Soße die Pfanne zur Seite stellen.
4 Zwiebeln	schälen, in Ringe schneiden und in einer anderen Pfanne in
Fett	andünsten, zur Seite stellen. Nun die Pfanne mit dem Fleischsud nehmen und
200 g Kräuter-Schmelzkäse	
200 g Crème fraîche	
1 l H-Sahne	und
1 Pck. 8-Kräuter-Mischung (TK)	zum Sud geben und erhitzen. Nach Geschmack
Salz	zufügen. Die Soße mit
Soßenbinder (hell)	andicken. In eine runde Auflaufform schichtweise Schweinefilet, Zwiebeln und
1 Dose Champignons (à 340 g)	ohne Sud geben. Danach die Soße über der Masse verteilen. Den Schweinefilet-Topf bei 200 °C Ober-/Unterhitze etwa 75 Minuten im Backofen garen.

Im Stiftshof, einem ehemaligen Zehnthof zwischen der alten und der neuen Kirche in Wollersheim gelegen, hat die Außenstelle Nideggen des LVR-Amtes für Bodendenkmalpflege ihren Sitz. Ein Erlebnis ist das jährliche Stiftshoffest am 3. Sonntag im Juni.

Schweinefiletröllchen in Estragonsoße

Von Angela Frings

500 g Schweinefilet	schräg in 1 cm dicke Scheiben schneiden (etwa 12 bis 15 Scheiben) und ganz flach klopfen. Die Schweinefiletscheiben mit
Salz	und
Estragon	würzen und etwa je eine viertel Scheibe von
3 – 4 Scheiben Kochschinken	darauflegen. Das Schweinefilet mit dem Schinken einrollen und auf einen Holzspieß mehrere Röllchen hintereinander aufspießen. Die Spieße in
Mehl	wenden.
Butterschmalz	in einer Pfanne zerlassen und die Spieße darin anbraten (jede Seite etwa 2 Minuten). Aus der Pfanne nehmen und die Schweinefiletröllchen von den Spießen abziehen. In der Pfanne den restlichen Bratenfond mit
Mehl	andicken und
200 g Crème fraîche	sowie
125 g Kräuterfrischkäse	und
Estragon	hinzugeben und eine Soße anrühren. Bei Bedarf noch
Brühe	hinzugeben. Die Schweinefiletröllchen in eine flache Auflaufform legen, die Soße darübergießen und das Ganze im Backofen bei 180 °C Ober-/Unterhitze etwa 30 Minuten garen.

Kann am Vortag zubereitet und 45 Minuten vor dem Essen erwärmt werden. Dazu schmecken selbst gemachte Spätzle oder Salzkartoffeln und Salat.

Was für ein Prachtkerl!

Überbackener Braten

Von Sybille Wacker

1,5 kg Schweinefilet	in Scheiben schneiden, anbraten, würzen und in eine Auflaufform geben. Nun
1 kg Erbsen (frisch oder TK)	bereitstellen.
700 g Möhren	schälen und würfeln.
750 g Champignons	putzen, in Scheiben schneiden.
1 Dose Mais (à 340 g)	abtropfen lassen.
750 g Spargel	in Stücke schneiden. Alles Gemüse über die Medaillons schichten, mit
Salz, Pfeffer	würzen und
200 ml Sauce hollandaise	darübergießen. 45 Minuten bei 200 °C Ober-/Unterhitze im Ofen backen.

Dazu schmecken Reis, Spätzle oder Salzkartoffeln.

Traktortreffen auf Gut Hommelsheim 2013

Früh übt sich, wer ein Metzger werden will.

Gefülltes Schweinefilet mit Salbeisoße

Von Trudi Schmitz-Schunken

1 Schweinefilet (600 g)	Der Länge nach eine Tasche einschneiden und innen und außen mit
Pfeffer	würzen. Die Tasche mit
10 frische Salbeiblätter oder 1 TL getrocknete Salbeiblätter	auslegen.
75 g Gouda-Käse (alt)	und
75 g Kochschinken	in feine Würfel schneiden und das Filet damit füllen, zusammenklappen und mit Zahnstochern oder Rouladen-Nadeln feststecken. Das Filet in
60 g Butter	5 Minuten von allen Seiten anbraten und mit
250 ml Brühe	ablöschen. Bei milder Hitze etwa 20 Minuten zugedeckt schmoren, anschließend herausnehmen. Zahnstocher oder Nadeln entfernen und das Fleisch mit Folie abdecken. Die Soße mit
125 ml Sahne	verrühren und einkochen lassen. Mit
Pfeffer, Paprikapulver	sowie
Salbei (zerrieben)	abschmecken.

Zum Garnieren frische Salbeiblätter kurz in Butter anrösten und über das Filet geben. Dazu schmeckt ein frisch aufgebackenes Weißbrot, Bandnudeln oder auch Kartoffelpüree.

Das Rurtal bei Obermaubach

Der Holzstapel bietet Wohnraum für viele Tiere.

Gefüllte Paprikaschoten (für 6 Personen)

Von Helga Leick

2 – 3 EL Öl oder Butter	in einer größeren Pfanne oder in einem Topf schmelzen.
3 Zwiebeln	abziehen, klein hacken, dazugeben und schön braun werden lassen, dann nach und nach
je 3 Pfefferkörner, Wacholderbeeren, Nelken	
2 Lorbeerblätter	
1 TL Salz	
2 TL Zucker	
1 Peperoni	
1 Prise Pfeffer aus der Mühle	sowie
1 Prise Salz	dazugeben.
1 Brühwürfel	in
500 ml Wasser	auflösen und zusammen mit
400 g Tomatenmark	zum Ablöschen in den Topf oder die Pfanne geben.
6 Paprikaschoten	waschen, die Deckel abschneiden, entkernen und mit
1 kg Hackfleisch (gut gewürzt)	füllen. Die gefüllten Schoten in die Soße geben und etwa 1 Stunde köcheln lassen. Die Schoten ab und zu drehen. Dann herausnehmen, die Soße durch ein Sieb schütten und mit
etwas Speisestärke	andicken.

Als Beilage eignen sich Reis oder Salzkartoffeln.

Auf die Plätze, fertig, los!

Landwirtschaft ist eine besondere Art zu leben

Von Karin Jansen

Seit 2001 bewirtschaften Martina und Thomas Grüntjens den Müntzer Ziegenhof im Nebenerwerb. Sie haben sich ganz bewusst für die Landwirtschaft als besondere Art zu leben entschieden.
Dass sich das Ehepaar für die Haltung von Milchziegen entschied, war das Ergebnis von Thomas Grüntjens Begegnung mit der Ziegenherde im Landwirtschaftszentrum Haus Riswick im dritten Lehrjahr.
Zum Betrieb gehören rund 25 Milchziegen plus Nachzucht und fünf Hektar landwirtschaftliche Nutzfläche. Nach der Betriebsgründung folgte zunächst der Aufbau der Käserei. 2003 starteten die Grüntjens dann mit der Vermarktung der ersten Käsesorten. Im Sortiment sind Frischkäse, Weichkäse und Schnittkäse. Seit 2007 stellt der Müntzer Ziegenhof qualitativ hochwertiges Speiseeis aus der Milch der eigenen Ziegen her. Man spürt die guten Zutaten und die cremige Beschaffenheit des Produkts direkt auf der Zunge. Dass der Rohstoff von der Ziege und nicht von der Kuh kommt, lässt sich nicht herausschmecken. Für viele Milcheiweißallergiker ist das Eis aus Ziegenmilch ein wahrer Segen: Sie können das Qualitätsprodukt aus Ziegenmilch häufig ohne Probleme genießen. Die Familie Grüntjens produziert neben den Basissorten wie Schoko, Vanille und Erdbeere auch Chargen mit ausgefallenen Geschmacksrichtungen, wie Kokos-Piña-Colada, Baileys, Lakritz oder Cola.
Vermarktet werden die Produkte auf Märkten und Stadtfesten mit einem Eiswagen für ihr »Bauernhof-Eis« und dem Verkaufs-Anhänger für Käse. Aber auch ab Hof finden die Köstlichkeiten ihre Abnehmer.

Gut gebettet

Filet mit Obst

1,5 kg Schweinefilet	unter fließendem, kaltem Wasser abspülen, trockentupfen. Das Fleisch zuerst in 2 cm dicke Scheiben, dann in 1 cm dicke Streifen schneiden.
120 g Pflanzenfett	erhitzen, die Filetstreifen in Portionen darin anbraten, mit
Salz, Pfeffer	bestreuen und in eine große Auflaufform oder in eine Fettauffangschale geben.
1 Dose Pfirsiche (à 480 g)	abtropfen lassen, Pfirsiche in Spalten schneiden.
3 Bananen	schälen, in Scheiben schneiden. Das Obst mit dem Fleisch mischen.
500 ml Sahne	mit
6 EL Tomatenketchup	und
1 EL Currypulver	verrühren und über dem Fleisch verteilen.
200 g Goudakäse	reiben und darüberstreuen. Die Fettauffangschale oder die Form auf dem Rost in den Backofen schieben. Bei 180 °C Umluft (oder 200 °C Ober-/Unterhitze) etwa 25 Minuten braten.

Die Gießereihalle aus dem 19. Jahrhundert der Eisenhütte in Lendersdorf. Hier wurde von 1613 bis in die zweite Hälfte des 20. Jahrhunderts Eisen verarbeitet.

Hagebutten schmecken als Marmelade, Gelee oder Tee. Mit 500 mg je 100 g Vitamin-C-Gehalt gehören sie zur Spitzengruppe der einheimischen Vitaminspender.

Schnitzel in Sahne (für 6 Personen)

Von Maria und Ulf Vit

2 Eier	miteinander verschlagen und mit
10 – 12 EL Paniermehl	vermengen,
12 kleine Schnitzel oder Schweinefiletscheiben	darin panieren und braten, danach in eine feuerfeste Form legen, mit dem Bratsud übergießen.
3 Stangen Lauch	in Ringe schneiden und diese in einer Pfanne zusammen mit
1 Dose Champignons (à 360 g)	10 Minuten schmoren. Nach Geschmack mit
Salz, Pfeffer	sowie
Universalwürze	würzen und die Mischung über die Schnitzel verteilen.
600 ml Sahne	mit
600 g Crème fraîche	mischen, mit
Salz, Pfeffer	sowie
Universalwürze	würzen. Die Mischung über Fleisch und Gemüse geben, über Nacht ziehen lassen. 1 Stunde vor Verzehr bei 150 °C Ober-/Unterhitze im Backofen erwärmen.

Wir fühlen uns sauwohl!

Das »Örjelche« in Heistern ist ein Wohnhaus aus dem frühen 19. Jahrhundert. Aus Bruchstein erbaut, ragt ein Überbau aus Fachwerk über einem Teil des Hauses zur Straße hinaus.

Kasseler in Malzbiersoße

Von Maria Clemens

500 g Kasseler-Braten	am Stück lassen oder in Scheiben schneiden.
1 geh. TL Nelkenpulver	mit
1 TL Salz	und
150 g Zucker	mischen und damit den Braten einreiben.
3 große Zwiebeln	abziehen, vierteln und in einer Bratenform verteilen. Den Braten in die Mitte der Form legen. Den Rest des Zuckergemischs auf den Braten geben. nun den Braten mit
500 ml Malzbier	begießen. Anschließend das Fleisch bei 200 °C Ober-/Unterhitze für 40 Minuten in den Backofen geben. Mit dem Bratensud servieren.

Die alte Kirche in Wollersheim ist um die 900 Jahre alt und damit eine der ältesten Kirchenbauten im Kreis Düren. Sie sollte 1958 abgebrochen und ins Freilichtmuseum Kommern gebracht werden. Gegen diesen Plan wehrte sich die Dorfgemeinschaft und so steht sie noch heute fest auf ihrem angestammten Platz.

Puuust ...

Kasseler im bunten Bett

1 kg ausgelöstes Kasseler	in eine Auflaufform legen.
2 dicke Zwiebeln	abziehen, halbieren und seitlich anlegen.
250 ml Weißwein	auffüllen und alles 40 Minuten im Backofen bei 180 °C garen. Währenddessen
2 Paprikaschoten	entkernen, putzen und würfeln.
2 Stangen Lauch	waschen, in Röllchen schneiden.
2 Zucchini	waschen, in Scheiben schneiden.
2 Auberginen	schälen und würfeln.
250 g Pilze	putzen, in Scheiben schneiden und
3 Knoblauchzehen	abziehen und in Scheiben schneiden. Alles Gemüse mit
1 Dose Tomaten (à 380 g)	und
1 Pck. Kräuter der Provence (TK)	in etwas
Öl	andünsten. Kasseler aus der Form nehmen, 8 Minuten ruhen lassen, in Scheiben schneiden, wieder in die Form geben. Das gedünstete Gemüse darüberschichten. Mit
100 g Emmentaler oder Goudakäse (gerieben)	bedecken und weitere 40 Minuten im Backofen garen.

»Wer will bauen an Gassen und Straßen, der muss Jecken und Narren reden lassen«. So lautet die Inschrift über dem Tor der Hofeinfahrt zum Hof der Familie Feucht in Merken aus dem Jahre 1753.

Zu Fällen einen schönen Baum,
brauchts eine halbe Stunde kaum.
Zu wachsen, bis man ihn bewundert,
braucht er, bedenk es, ein Jahrhundert.
(Eugen Roth)

Lazarus Strohmanus

Von der Historischen Gesellschaft Lazarus Strohmanus Jülich

Zum Jülicher Fastnachtsbrauch gehört seit über 300 Jahren die Historische Gesellschaft Lazarus Strohmanus Jülich. Das Symbol der Gesellschaft ist eine Strohpuppe, die am Jahresende von den Mitgliedern gefertigt wird. Bekleidet ist sie mit einem traditionellen blauen Kittel und weißer Hose.

Wie öm de Stadt noch Grav on Wall – on Fort on Festungsmur
Wie öm de Jülicher Zitadell – stong Mutt on Wasser nur
Wie ovends zehn am Festungstor – getrocke wued de Bröck
Do wued in Jülich an de Rur – Strohmanus schon gepreck!

Am Sonntag nach Dreikönige wird der Lazarus öffentlich getauft. Hier bekommt er – ein Taufpate steht ihm dabei zur Seite – einen lateinischen Namen. Sonntags vor Fastnacht hält die Gesellschaft zusammen mit ihren Ehrenmitgliedern die Jahreshauptversammlung ab. Dabei wird der »Hexenturm-Orden« einer Person aus den Reihen der Ehrenmitglieder verliehen, die sich um die Belange der Jülicher Bürger und um die Stadt verdient gemacht hat. In der Regel ist es der Taufpate des Lazarus.

Der Lazarus wird hoch in die Luft gepreckt.

Zum uralten Brauch gehört der Umzug am Veilchendienstag durch Jülich. Die Lazaruspuppe wird dabei mit einem Sprungtuch hochgeworfen, »precken« genannt, dazu ruft man Spottverse. So muss der Lazarus für die Schuld und Sünden der Bürger »büßen«.

Zum Ende wird er dann mit vorgespielter Trauer und Wehgeschrei in der Nacht von Veilchendienstag zu Aschermittwoch von einer Brücke in die Rur geworfen und damit das Ende der Fastnacht eingeleitet. Unter Beteiligung der Bürger beendet die Gesellschaft mit einem Höhenfeuerwerk den traditionsreichen Tag.

Filet à la Wellington

Von Monika Dahmen

1 kg Rinderfilet	in
30 g Butter oder Margarine	etwa 7 bis 10 Minuten anbraten, das Fleisch herausnehmen und zur Seite stellen. Den entstandenen Bratensaft aufheben.
1 EL Butter oder Margarine	in einem Topf erhitzen und
3 EL fein gehackte Zwiebeln	zugeben.
250 g frische Champignons	blättrig schneiden,
3 Tomaten	enthäuten und würfeln und beides nach und nach mit
3 EL Bratensaft	sowie
2 EL Petersilie (gehackt)	zu den Zwiebeln geben. Dünsten, bis die Flüssigkeit verdampft ist. Mit
Salz, Pfeffer	würzen.
400 g TK-Blätterteig	rechteckig ausrollen, einige Teigstreifen beiseitelegen. Das Filet daraufsetzen, die Füllung darübergeben und alles in den Teig einpacken. Mit den Streifen dekorieren und mit
1 Eigelb	bestreichen. Im Backofen auf unterer Schiene bei 200 °C etwa 45 Minuten garen.

Zwischen Heistern und Nothberg liegt Burg Holzheim. Die Ursprünge reichen bis ins 14. Jahrhundert zurück. Die heutigen Besitzer betreiben hier Landwirtschaft und einen Reiterhof.

Gulasch mit Sauerkraut

Von Barbara Sluschny

250 g Rindergulasch	und
250 g Schweinegulasch	in
1 EL Butterschmalz	anbraten.
2 Zwiebeln	und
1 Knoblauchzehe	abziehen, klein schneiden und dazugeben.
250 g frisches Sauerkraut	etwas klein schneiden und ebenfalls zugeben. Mit
2 EL Paprikapulver (edelsüß)	
4 Bratensaft-Würfel	und
Salz, Pfeffer	würzen und gut anschwitzen lassen, dann ganz mit Wasser bedecken und 1,5 bis 2 Stunden bei kleiner bis mittlerer Hitze köcheln lassen, bis das Fleisch gar ist.

Dazu schmecken Kartoffelpüree oder Salzkartoffeln.

Die Zitadelle Jülich ist eine beeindruckende Festungsanlage aus der Mitte des 16. Jahrhunderts im Stil der italienischen Hochrenaissance. Sie beherbergt heute das Gymnasium der Stadt Jülich und das Stadtmuseum. Dieses zeigt unter anderem die Geschichte der Festung Jülich und der Region sowie eine bedeutende Sammlung zur Landschaftsmalerei des 19. Jahrhunderts um den Künstler J. W. Schirmer.

Gelber Sonnenhut

Jägertopf (für 10 Personen)

Von Kathi Rodewig

2 kg Geschnetzeltes vom Rind	mit
3 EL Universalwürze	vermengen und kurz in der Pfanne anbraten. Anschließend das gebratene Fleisch in einen eingeölten Bräter geben.
2 Pck. Chester Scheiblettenkäse (à 200 g)	in Streifen schneiden und über das Fleisch geben.
3 Stangen Lauch	in Ringe schneiden.
4 Gläser Champignons (à 360 ml)	abtropfen, mit den Lauchringen mischen und über den Käse schichten.
400 g geräucherter Bauchspeck	und
6 große Zwiebeln	würfeln. Speck und Zwiebeln andünsten, mit
3 Pck. Jägersoße (à 250 ml)	und
1 l Sahne	vermischen und auf die anderen Zutaten in den Bräter geben. Den Bräter schließen und 24 Stunden kühl stellen. Den Jägertopf dann mit geschlossenem Deckel bei 190 °C etwa 2 Stunden in den Backofen geben.

Traditionelle Feste ohne Trommler- und Pfeifferkorps sind überhaupt nicht vorstellbar. Wie gut, dass es sie gibt!

Ri-ra-rutsch, wir fahren mit der Kutsch!

Rheinischer Sauerbraten

Von Maria Beyss

	Etwa 2 bis 3 Tage vorher
1 kg Rindfleisch aus der Hüfte	waschen, trockentupfen, mit
Salz, Pfeffer	würzen und in eine Schüssel geben.

Mit Kartoffelknödeln und Apfelmus servieren.

Marinade

125 ml Rotweinessig (mild)	und
125 ml Fleischbrühe	erhitzen.
2 Zwiebeln	und
1 Möhre	schälen und in Würfel schneiden. Zwiebeln und Möhren mit
2 Lorbeerblätter	
1 Nelke	sowie
1 TL Pfefferkörner	und einigen
Wacholderbeeren	in den Sud geben, aufkochen, erkalten lassen und über das Fleisch geben. Zugedeckt 2 bis 3 Tage im Kühlschrank marinieren.

Zubereitung

2 – 3 EL Butterschmalz	in einem Bräter erhitzen, das Fleisch aus der Marinade nehmen, trockentupfen, rundherum anbraten. Mit Marinade aufgießen und im 180 bis 200 °C (Ober-/Unterhitze) vorgeheizten Backofen 1½ bis 2 Stunden zugedeckt schmoren. Den Sauerbraten aus dem Ofen nehmen und warm stellen. Die Soße durch ein Sieb passieren und
2 – 3 EL Rübenkraut	darunterrühren. Die Soße mit etwas
Soßenbinder (dunkel)	binden, mit
Salz, Pfeffer	
1 Prise Cayennepfeffer	kräftig abschmecken und
50 g Rosinen	einrühren. Den Sauerbraten in Scheiben auf Tellern anrichten, mit Soße überziehen.

Pure Lebensfreude

Rinderragout

Rezept aus dem Jahr 1943 von Monika Offergeld

500 g gekochtes Rindfleisch	in kleine Würfel schneiden.
30 g Margarine	schmelzen und
40 g Mehl	darin bräunen.
1 Zwiebel	fein würfeln und ebenfalls bräunen.
500 ml klare Brühe oder Wasser	unter Rühren nach und nach dazugeben, mit
Salz, Zucker, Essig	abschmecken und die Rindfleischwürfel gut durchziehen lassen.

Dazu passen Salzkartoffeln und grüner Salat. Im Winter passt auch Wirsing gut dazu.

Staudentausch der LandFrauen Vossenack

Kleiner Fuchs auf Skabiose

Rindfleisch nach Burgunderart – Boeuf Bourguignon

1 kg mageres Rindfleisch	in dünne lange Streifen schneiden.
4 EL Öl	in einem Schmortopf erhitzen, das Fleisch hineingeben und bei großer Hitze ringsum anbraten. Es dauert einige Zeit, bis das Fleisch braun wird, weil sich ziemlich viel Fleischsaft entwickelt. Inzwischen
250 g Zwiebeln	pellen und in Ringe schneiden,
1 kleines Bund Suppengrün	putzen, waschen und klein schneiden und mit den Zwiebeln zum Rindfleisch geben, mit anschmoren.
700 ml Burgunderwein	angießen und gut umrühren.
2 Lorbeerblätter	in den Topf geben, das Boeuf mit
Salz, Pfeffer	
reichlich Thymian	sowie
1 Prise Zucker	abschmecken. Den Topf mit einem Deckel verschließen und das Fleisch knapp 1 Stunde bei geringer Hitze schmoren. Wenn dann noch zuviel Flüssigkeit im Topf ist, den Deckel abnehmen und das Fleisch im offenen Topf weitergaren. Nach insgesamt 1,5 Stunden das Boeuf Bourguignon mit
40 ml Cognac	abschmecken und eventuell noch einmal nachwürzen.
1 Bund Petersilie	waschen, abtrocknen und hacken, kurz vor dem Servieren über das Fleisch streuen.

Dazu passen Meterbrot oder Reis.

Wie andächtige Zuschauer wirken die Rehe in diesem weißen Stillleben.

Winter oder Frühling?

Rouladen mit Senf und Gürkchen gefüllt

Von der Landmetzgerei Jansen

4 Rinderrouladen aus der Oberschale	abbrausen, trockentupfen, mit
Senf	bestreichen und mit
Salz, Pfeffer	würzen.
8 Scheiben Schinkenspeck	und
4 Gewürzgurken	auf den Rinderrouladen verteilen und von der schmalen Seite her aufrollen, mit Holzstäbchen fixieren und in einem Bräter in heißem
Butterschmalz	kräftig von allen Seiten anbraten.
2 Zwiebeln	klein würfeln und nach dem Anbraten zufügen.
2 Lorbeerblätter	dazugeben und
250 g geräucherter Speck	würfeln und mitschmoren. Anschließend noch
2 EL Senf	zugeben. Alles kurz anbraten und mit Wasser ablöschen. Die Rouladen etwa 2 bis 2,5 Stunden bei mittlerer Hitze schmoren. Zum Abbinden der Soße die Rouladen, den Speck und die Lorbeerblätter aus dem Bräter nehmen. Die Soße mit
Soßenbinder (dunkel)	andicken. Nach Geschmack mit
Salz, Pfeffer	nachwürzen.

Es wächst viel Brot in der Winternacht,
weil unter dem Schnee frisch grünet die Saat;
erst wenn im Lenze die Sonne lacht,
spürst du, was Gutes der Winter tat.
(Friedrich Wilhelm Weber)

Jedem Monat blüht sein Schönes,
selbst in Sturm und Schnee und Eis;
wenn man's nur zu finden weiß!
(Johann Heinrich Voß)

Ein seltener Gast der Speisekarte – die Brieftaube

Von Markus Havertz

Brieftauben prägten einst das charakteristische Bild der Bauernhöfe. Auf fast jedem Hof hingen Nistkästen und gefüttert wurden sie zusammen mit den frei umherlaufenden Hühnern und Gänsen. Zuweilen galt ein geschmackvoll zubereiteter Taubenbraten als Delikatesse. Heutzutage trifft man Brieftauben nur noch selten auf unseren Höfen und noch viel seltener auf unserer Speisekarte an. Doch charakteristisch für die Region im Raum Aachen sind die Brieftauben immer noch.

Animiert von belgischen Taubenzüchtern gründeten Sportfreunde im Jahre 1834 in Aachen den ersten deutschen Brieftaubenverein mit dem klangvollen Namen »La Colombe« (Die Brieftaube). Bis zur Mitte des 19. Jahrhunderts breitete sich der Brieftaubensport in ganz Deutschland aus. Im Jahre 1860 erschien sogar die erste Fachzeitschrift für Brieftaubenkunde. Der rasante Aufstieg des Brieftaubensports in der zweiten Hälfte des 19. Jahrhunderts resultierte maßgeblich aus den hervorragenden Diensten der Brieftauben im Bereich der militärischen Nachrichtenübermittlung wie beispielsweise während der Belagerung von Paris in den Jahren 1870/1871 im Deutsch-Französischen Krieg.

Im Jahre 1891 schlossen der nur sieben Jahre zuvor gegründete Verband Deutscher Brieftauben-Liebhaber-Vereine und das preußische Kriegsministerium einen Vertrag, in dem unter anderem die Übung der Tauben auf bestimmten Fluglinien vereinbart wurde. Das heißt, die Brieftauben mehrerer Züchter wurden gesammelt und mittels der Eisenbahn einige hundert Kilometer weit weggebracht und dort fliegen gelassen. Brieftauben fliegen in einer solchen Situation aufgrund ihres hervorragenden Heimfinde-Vermögens auf direktem Weg zurück in den heimatlichen Taubenschlag,

Das Verhältnis von Mensch und Taube war stets von Gegensätzen geprägt: Während die einen den gefiederten Freunden Briefe anvertrauten, wurden die Tiere von anderen gejagt. In einem sind sich aber alle einig: Tauben gelten als Symbol für Liebe und Frieden.

wo eine mitgebrachte Botschaft in Empfang genommen werden kann. Wissenschaftler führen dieses Heimfinde-Vermögen darauf zurück, dass Brieftauben sich – ähnlich wie Zugvögel – den Stand der Sonne sowie das Magnetfeld der Erde zu Nutze machen. Noch heute nehmen an den Wochenenden von April bis September einige hundert Brieftaubenzüchter im Großraum Aachen an Wettflügen mit Flugrouten in Richtung Süd-West-Frankreich teil. Heute geht es allerdings nicht mehr um die Nachrichtenübermittlung, sondern vielmehr um das Erringen von Preisen, welche für die schnellsten Brieftauben auf den einzelnen Wettflügen vergeben werden.

Brieftaube mit sieben Tage alten Jungtieren

Bis zum Ende des Zweiten Weltkrieges konnten sich die Züchter lediglich in Friedenszeiten der sportlichen Liebhaberei widmen. Nach dem Ende des Krieges organisierte man im Jahre 1948 im nordrhein-westfälischen Witten eine Verbandsausstellung, bei der 560 Brieftauben ausgestellt wurden, um von sogenannten Preisrichtern bezüglich bestimmter Schönheitsmerkmale begutachtet zu werden. Noch heute richten zahlreiche Brieftaubenvereine in den Wintermonaten – wenn Wettflüge witterungsbedingt ausfallen müssen – solche Ausstellungen aus. Bis zum Jahr 1966 stieg die Zahl der dem Verband angehörenden Brieftaubenzüchter in Westdeutschland auf 102 000 Mitglieder an. In dieser Hochzeit des deutschen Brieftaubensports errichtete man im Jahre 1972 in Essen-Kupferdreh die weltweit erste Klinik für Brieftauben. Auch die soziale Komponente des Brieftaubensports darf nicht außer Acht gelassen werden. Deutsche Brieftaubenzüchter spendeten im Laufe der letzten Jahre über 8 Millionen Euro für den guten Zweck an die Aktion Sorgenkind beziehungsweise Aktion Mensch. Die erste offizielle Übergabe eines Schecks in Höhe von 100 000 DM wurde im Jahre 1969 durch das ZDF live übertragen. Wer Interesse hat, mehr über den Brieftaubensport zu erfahren, findet in fast jedem Ort auskunftsfreudige Brieftaubenzüchter oder sogar Vereine, die interessierte Gäste auf ihren Festen und Ausstellungen gerne willkommen heißen. Die Angaben in diesem Text sowie zahlreiche weitere Informationen rund um den Brieftaubensport kann man der Internetseite des Verbandes Deutscher Brieftaubenzüchter e.V. entnehmen.

Hähnchenbrust in Kräutersoße

Von Josefa Mürkens

4 Hähnchenbrustfilets	in je 3 Stücke schneiden und mit
Pfeffer, wenig Salz	würzen. Mit
12 Scheiben Schinkenspeck	umwickeln und anbraten. In eine Auflaufform geben und beiseitestellen.
3 Zwiebeln	klein hacken, in dem Bratensud bräunen und mit
200 ml Sahne	ablöschen. Dann
200 g Crème fraîche	
50 g Italienische Kräuter (TK)	sowie
50 g Tomatenmark	dazugeben und leicht köcheln lassen. Das Ganze über die Hähnchenbrust geben und etwa 20 Minuten bei 170 °C Umluft in den Backofen geben.

Pro Person rechnet man eine halbe Hähnchenbrust.

Wer hat die denn alle leer gemacht?

Der Herr im Hühnerhof bin ich!

Überbackene Hähnchenbrust

Von Anita Dohmen

500 g Hähnchenbrust	in Scheiben schneiden, in einer Pfanne in
Öl	anbraten und in eine gefettete Auflaufform legen.
1 Dose Pfirsichhälften (à 850 g)	Pfirsichhälften auf die Filetscheiben legen.
250 ml Sahne	mit
3 EL Tomatenketchup	
2 EL Tomatenmark	
1 TL Currypulver	und
Salz, Pfeffer	verrühren, abschmecken und über das Fleisch in der Auflaufform gießen.
80 g Goudakäse (gerieben)	darüberstreuen, bei 190 °C Ober-/Unterhitze etwa 20 Minuten in den Backofen geben.

Kann auch mit Schweinefilet gemacht werden. Dazu reicht man Reis und Salat.

Schloss Hambach war einst ein bevorzugter Aufenthaltsort der Jülicher Herzöge, die von hier aus zu Jagdausflügen in den Hambacher Wald aufbrachen.

1943 auf einem Bauernhof in Huchem-Stammeln

Zitronen-Hähnchen

Von Hedi Feucht

1 Hähnchen (à 1,5 kg)	halbieren, mit
Pfeffer, Salz	
gekörnte Brühe	
Hähnchengewürz	gut würzen und in eine mit
2 EL Öl	gefettete Auflaufform geben.
500 g Kartoffeln	waschen, schälen, in Spalten schneiden, diese um das Hähnchen legen.
3 Zitronen	in Scheiben schneiden und mit
2 Streifen Thymian	seitlich und obendrauf verteilen. Mit Glasdeckel oder Alufolie abdecken und bei 200 °C etwa 1 Stunde backen.

Die Wasserburg »Schloss Nörvenich« mitten im Ortskern ist eine der ehemals drei Burgen in Nörvenich. Von der »Harff'schen Burg« und der »Alten Burg« sind nur noch Ruinen vorhanden. Das Schloss gehört einer Eigentümergemeinschaft, die dort ein Museum für europäische Kunst eingerichtet hat und die Anlage liebevoll renovierte.

Blühender Thymian ist ein Genuss für Augen und Nase.

Putenbrust mit Johannisbeer-Walnuss-Chutney

Von Karin Käufer

Vorbereitung

800 g Putenbrust	abspülen und trockentupfen.
1 TL Koriander	mit
1 Msp. Nelkenpulver	
½ TL weißer Pfeffer	
Mark von 1 Vanilleschote	sowie
1 Msp. Thymian	in
2 EL Öl	einrühren. Die Putenbrust mit der Mischung einreiben und abgedeckt 1 bis 2 Stunden marinieren.

Johannisbeer-Walnuss-Chutney

200 g Zwiebeln	klein hacken und in
1 EL Öl	5 Minuten andünsten.
300 g frische rote Johannisbeeren	
4 EL Weißweinessig	
100 ml Wasser	und
4 EL Gelierzucker (1:1)	zufügen.
100 g Walnüsse	grob hacken, in einer trockenen Pfanne kurz rösten und ebenfalls dazugeben.

Dazu passt Kartoffelpüree.

Fertigstellung

	Einen Schmortopf trocken erhitzen, Putenbrust ringsum darin anbraten.
400 ml Brühe	zugießen und alles 50 bis 60 Minuten bei mäßiger Hitze garen. Dann das Fleisch aus dem Topf nehmen.
4 TL Speisestärke	in
4 EL Wasser	anrühren, in den Fond geben und einmal aufkochen lassen. Putenbrust aufschneiden und mit dem Chutney anrichten. Die Bratensoße separat dazu reichen.

Eine Kathedrale der Natur im Buchenwald

Von Osterei, Martinsgans und Karneval

Von Heribert Kaptain, Präsident des Regionalverbandes Düren im Bund Deutscher Karneval e.V.

Warum taucht in einem Kochbuch unserer Heimat der Begriff Karneval auf? Der Beginn der Fastenzeit am Aschermittwoch und damit der Zeitpunkt der Fastnacht richtet sich nach dem sich jährlich an dem ersten Frühlingsvollmond ausrichtenden Osterfest. Von Aschermittwoch bis Ostern verordnete die Kirche sich und ihren Gläubigen eine 40-tägige Fastenzeit. Zum Fasten gehört naturgemäß der Verzicht auf eine Vielzahl von Nahrungsmitteln und Speisen. Alles, was man bis dahin als Vorräte über den Winter gerettet hatte und in der Fastenzeit nicht mehr verzehrt werden durfte, also schlecht geworden wäre, wurde in Festen und Gelagen aufgebraucht. Deswegen spielten auch hier Fettgebäck und Eier eine große Rolle. Eier der Hühner, die zum Fortbestand des eigenen Hühnerstalles weitergehalten werden mussten, wurden gesammelt und als sogenannte Soleier haltbarer gemacht. Bis Ostern fielen natürlich viele Eier an, die dann wiederum als Ostereier auf dem Tisch kamen. Soviel aus Sicht des Karnevalisten zum Osterei.

Wie verhält es sich dann mit dem Auftauchen karnevalistischer Bräuche »am Elften im Elften«? Hierzu gibt es verschiedene Thesen. Eine bezieht sich – und wird auch so in Internetlexika (z.B. Wikipedia) zitiert – auf die Bedeutung des Martinitages. Danach ist der 11. November der Tag der Grablegung des heiligen Martin von Tours. Er ist seit Alters her in Mitteleuropa von einer Reihe von Bräuchen geprägt, zu denen auch das Martinsgansessen – zurückgehend auf die Legende um den Heiligen Martin – gehört. Der Festtag war also schon früh fester Bestandteil des christlichen Jahresablaufes. Nach der von Byzanz beeinflussten frühen Christenheit lag der Festtag vor Beginn einer ebenfalls 40-tägigen Fastenzeit, die vom Mittelalter bis in die Neuzeit – in den orthodoxen Kirchen zum Teil heute noch – vor dem Fest Christi Geburt begangen wurde. Folglich gab es auch hier einen Tag vor dem Fasten, an dem gefeiert und geschlemmt wurde.

Der Martinitag war zudem der Tag des Zehnten, also der Tag, an dem Steuern und Pachten nach erfolgter Ernte zu zahlen waren. In vielen Fällen wurde die Zahlung

Rosenmontagszug in Niederzier um 1960

in Naturalien erbracht – zum Teil eben auch in Gänsen. Für das Durchfüttern von Tieren über den Winter musste man logischerweise entsprechende Vorräte vorhalten und die Anzahl der Hoftiere entsprechend anpassen. Folglich war der Martinitag auch ein willkommener Anlass für ein Schlachtfest. An diesem Tag endeten viele Dienstverhältnisse – besonders in der Landwirtschaft – und die erfolgte Entlohnung gab wiederum einen Grund zum fröhlichen Feiern.

Dass es auch andere Theorien zum Thema gibt, will ich nicht verschweigen, aber für dieses Buch, so scheint es mir jedenfalls, passt sie im Besonderen. Insofern gibt es einen offensichtlichen Zusammenhang zwischen dem Kirchenjahr, der Fastenzeit, gutem Essen und dem Karneval.

In unserer Region gibt es eine Vielzahl von Karnevalsgesellschaften. Von den etwa 200 Gesellschaften und Gruppierungen in der Region zwischen Linnich im Norden und Blankenheim im Süden, die das Karnevalsbrauchtum pflegen und weiterführen, sind über 140 im Regionalverband Düren im Bund Deutscher Karneval e.V. zusammengeschlossen. Hierzu gehört seit einigen Jahren auch das Karnevalskomitee des Rheinischen LandFrauenverbandes Düren-Jülich.

Karnevalssitzung der Dürener LandFrauen

Karnevalssitzung der Jülicher LandFrauen

Meinungsaustausch

Putenstreifen Simbali

Von Helga Becker

300 g Putenschnitzel	in feine Streifen schneiden, in
50 g Butter	portionsweise kräftig anbraten und in eine Auflaufform füllen.
2 Zwiebeln	schälen, halbieren und in feine Streifen schneiden, im verbliebenen Bratfett andünsten.
1 Dose Gemüsemais (à 330 g)	abtropfen lassen und zufügen, mit
6 EL Weißwein (herb)	ablöschen.
2 EL Mandeln (gehackt)	und
1 Dose gemischtes Obst (à 340 g)	ohne Saft mit in die Pfanne geben.
½ TL Curry	
1 Msp. Ingwer	
½ TL Zucker	
1 Prise Salz	und
2 – 3 TL Zitronensaft	hinzufügen. Zum Schluss
2 Bananen	schälen, längs halbieren und in feine Scheiben schneiden. Die Bananen mit
250 g Schmand	zum Gemüse geben. Die Mischung nun über dem Geschnetzelten verteilen. Mit
150 g Goudakäse (alt, frisch gerieben)	bestreuen. Im vorgeheizten Backofen bei 200 °C etwa 15 Minuten überbacken.

Dazu reicht man einen knackigen, frischen Salat und Langkornreis.

Alleine auf weitem großem See

Stufe für Stufe Blumenfreude

Kaninchen in Rotwein

Von Hedi Feucht

1 Kaninchen (küchenfertig)	portionsweise in einem Bräter in
30 g Butter	und
3 EL Olivenöl	scharf anbraten. Das Kaninchen mit
Salz, Pfeffer	würzen.
4 Wacholderbeeren	
1 Lorbeerblatt	und
Wurzelgemüse	auf dem Kaninchen verteilen. Im Backofen bei 200 °C etwa 1 Stunde braten. Dann
250 ml Rotwein	zufügen und weiter braten. Zum Schluss
125 ml Sahne	aufgießen. Die Hitze auf 180 °C herunterschalten. Nach der Garzeit von etwa 90 Minuten die Kaninchenteile auf einer Platte anrichten. Den Sud für die Soße etwas andicken.

Dazu reicht man Kroketten oder Knödel, Feldsalat, Rotkohl, heiße Früchte.

Gemäß Braunkohlenplan Inden II soll im Restloch des Tagebau Inden bis etwa 2060 ein See mit einer Wasserfläche von rund 1100 Hektar entstehen, was in etwa der Größe der Möhnetalsperre oder des Tegernsees entspricht. Die Orte Lamersdorf, Inden/Altdorf, Lucherberg, Merken und Schophoven werden dann an diesem See liegen. Das Bild ist eine Fotomontage mit Lucherberg im Vordergrund.

Ein Hospital und ein Gasthaus waren einst Nachbarn der Nikolauskapelle in Geich. Könnten Steine reden, würden sie wohl über manches Erlebnis von Einkehr und Barmherzigkeit berichten.

Lamm-Medaillons in Bier

> Dazu Reis oder Kartoffelpüree reichen.

8 Lamm-Medaillons aus der Nuss	mit
1 Prise Thymian	
½ Knoblauchzehe	und
Salz, Pfeffer	einreiben und etwas einziehen lassen.
2 EL Bratfett	in einer Kasserolle erhitzen und darin das Fleisch,
150 g Möhrenwürfel	sowie
75 g Perlzwiebeln	leicht anbräunen.
1 Prise Zucker	
1 TL Mehl	und
250 ml dunkles Bier	beifügen und zugedeckt etwa 15 Minuten schmoren. Inzwischen
125 g Champignons	putzen, fein schneiden und mit
1 Prise Muskat	und
Salz	würzen. Die Pilze in
etwas Butter	weich dünsten. Beim Anrichten die Medaillons auf eine Platte schichten und mit den Pilzen, Zwiebelchen und Möhren bedecken. Aus dem Bratenfond (nach Belieben mit Soßenbinder) eine Soße zubereiten und um das Fleisch gießen.

**Jeder Tag verlangt von dir aufs Neue,
Wachsamkeit und Pflichtentreue.**

Lammragout

Von Claudia Boiteux

1 Lammknochen	in
2 EL Olivenöl	anbraten. Mit
500 ml Wasser	ablöschen.
150 g Sellerie	schälen, würfeln und alles zusammen etwa 2 Stunden köcheln lassen. Zur Seite stellen.
800 g Lammragout	in
3 EL Olivenöl	anbraten.
2 Zwiebeln	sowie
1 Knoblauchzehe	abziehen, würfeln und zum Ragout geben. Mit
Salz, Pfeffer, Paprikapulver	würzen. Den Knochenjus durch ein Sieb auf das Lammragout gießen.
2 Paprikaschoten	entkernen, klein schneiden und mit
2 TL Zuckercouleur	(für die dunkle Farbe) hinzufügen. Das Lammragout weiter köcheln lassen. Es ist fertig, wenn die Paprika gegart sind.

Das Wasserschloss Burgau im Dürener Stadtteil Niederau wurde nach Zerstörungen im Zweiten Weltkrieg seit 1975 wiederaufgebaut – angeregt durch eine Bürgerinitiative und getragen von erheblichem Vereinsengagement. Der Wohnturm mit dem Renaissance-Erker von 1523 wird heute für Trauungen genutzt. Auf Schloss Burgau finden Tagungen, Ausstellungen, Konzerte, Lesungen und Theateraufführungen statt.

Bandnudeln mit Lachs und Spinat
(für 2 Personen)

Von Elli Freialdenhoven

250 g TK-Lachs	auftauen lassen, in Würfel schneiden.
1 frische Zitrone	halbieren und den Saft über die Lachswürfel träufeln.
2 l Wasser	mit
Salz	zum Kochen bringen,
250 g Bandnudeln	nach Anleitung darin gar kochen.
1 Zwiebel	würfeln und in
2 EL Öl	glasig anbraten. Die Lachswürfel dazugeben und mit
1 TL Senf	
Pfeffer (schwarz)	
Zitronensaft	und
Salz	abschmecken (Vorsicht bei dem Salz, da der Lachs schon mit Zitronensaft gewürzt ist).
250 g TK-Rahmspinat	auftauen und unterziehen. Alles nochmals köcheln lassen. Die fertigen Bandnudeln dazugeben. Auf großen Tellern anrichten und mit Kräutern der Saison bestreuen.

Schwimmende Schönheit

Lachslasagne

Von Maria und Ulf Vit

400 g Spinat	putzen, waschen und etwas abtropfen lassen.
2 EL Olivenöl	erhitzen und
1 fein gehackte Knoblauchzehe	darin andünsten, den Spinat zugeben und einige Minuten mitdünsten, bis er zusammenfällt. Mit
Salz, Pfeffer	und
Muskatnuss (gerieben)	würzen.
500 g Lachsfilet	kalt abbrausen, trockentupfen und in dünne Scheiben schneiden.

Béchamelsoße

40 g Butter	und
40 g Mehl	hellgelb anschwitzen,
250 ml Brühe	und
250 ml Milch	aufgießen, mit dem Schneebesen kräftig rühren und 5 bis 6 Minuten köcheln lassen. Mit
Salz, Pfeffer	und
Muskatnuss (gerieben)	sowie
2 – 3 EL Dill (fein gehackt)	würzen.

Fertigstellung

250 g Mozzarella	in Scheiben schneiden. Eine Lasagne-Form mit
Butter	ausfetten, von
16 Lasagneblätter	eine Lage Lasagneblätter einlegen und Spinat, Lachs und Béchamelsoße darüber verteilen. Diesen Vorgang wiederholen, bis alle Zutaten aufgebraucht sind. Als oberste Schicht Béchamelsoße auftragen. Lasagne mit Mozarellascheiben belegen und im vorgeheizten Ofen bei 200 °C Ober-/Unterhitze etwa 30 bis 35 Minuten backen.

Wie ein kleiner Federball sieht er aus, der junge Gartenrotschwanz.

Fisch im roten Rock (für 2 Personen)

Von Ingrid Prost

Dies ist ein vorzügliches Fischgericht für Menschen, die sich erst an den typischen Fischgeschmack gewöhnen müssen. Mit der Käsemenge und den Tomaten muss man es nicht so genau nehmen. Für eine größere Personenzahl eine größere Backform nehmen. Wenn die Fischscheiben in mehr als zwei Schichten übereinander liegen, verlängert sich die Garzeit.

400 g Fischfilet (Rotbarsch, Kabeljau oder Schellfisch)	säubern, mit
2 EL Essig oder Zitronensaft	säuern und mit
Salz	bestreuen. In eine feuerfeste, mit etwas
Öl	ausgepinselte Form legen. Mit
3 – 4 EL Tomatenmark	bestreichen und
4 Tomaten (oder 400 g Tomatenstücke aus der Dose)	in Stücken darüber verteilen.
1 große Zwiebel	abziehen, klein hacken und in
1 EL Öl	in der Pfanne goldbraun braten, auf den Tomaten verteilen.
2 EL Paniermehl	und
2 EL geriebener Emmentaler	mischen, darüberstreuen und etwas
Öl	darüberträufeln. Den Fisch im vorgeheizten Backofen bei 180 °C Ober-/Unterhitze etwa 25 bis 30 Minuten überbacken.

Mit Kartoffelpüree und grünem Salat servieren.

Man kann das Rezept auch mit vorgegarten grünen Paprikaschoten, eingelegten Tomatenpaprika, Zucchinischeiben und fein gehackten Oliven variieren.

Zwischen Brandenberg und Bergstein schweift der Blick über das Tiefenbachtal.

Wir möchten noch fertig reifen.

Fisch auf Blattspinat

Von Ingrid Prost

1 kg Spinat (frisch oder TK)	frischen Spinat kurz blanchieren, abtropfen und abkühlen lassen, grob hacken. TK-Spinat auftauen lassen.
2 Zwiebeln	abziehen, würfeln und in einer Pfanne mit
etwas Öl	anbraten. Nach Geschmack
1 Knoblauchzehe	dazugeben, den grob gehackten Spinat hinzufügen und alles mit
Salz	und
1 EL Currypulver	bestreuen.
400 g Fischfilet (Kabeljau oder Rotbarsch)	mit
Pfeffer, Salz	würzen und auf den Spinat legen.
2 gestr. EL saure Sahne	mit
1 TL Currypulver	und
Salz	abschmecken und auf dem Fisch verteilen.
Kokosraspel	darüberstreuen – zugedeckt zum Kochen bringen und auf kleiner Stufe etwa 8 Minuten köcheln lassen.

Die 200 Meter hohe Sophienhöhe, entstanden aus Abraummassen aus dem Tagebau Hambach, ist ein beliebtes Ausflugsziel im indeland. Ein Wanderwegenetz von fast 100 Kilometern führt durch eine naturnahe Flora und Fauna mit immer wieder faszinierenden Aus- und Einblicken.

Elf indeland-Radrouten führen vorbei an den Sehenswürdigkeiten des indelandes.

Von der Grube Emil Mayrisch zum Bergbaumuseum Aldenhoven

Von Karin Jansen

Es war einmal ein kleiner Junge, der in der Nähe der Wurm Schweine hütete. Abends entzündete er ein Feuer auf freiem Feld. Als es am nächsten Morgen hell wurde, war das Holz längst verbrannt. Aber – das Feuer glühte immer noch! Die Erde kokelte und qualmte. Die ganze Wiese brannte. Der kleine Junge hatte die Steinkohle entdeckt.

Wann und wo genau erstmals in Deutschland Steinkohle entdeckt und gefördert wurde, das liegt im Dunkel der Geschichte. Nur eines ist klar: Es ist belegt, dass bereits im frühen 12. Jahrhundert bei Aachen Steinkohle abgebaut wurde, das Gebiet des westlichen Ruhrgebiets folgte etwa 1370.

1937 beschloss der Eschweiler Bergwerks-Verein (EBV), zur Ausbeutung der Vorräte in der Nähe des Ortes Siersdorf bei Aldenhoven eine neue Schachtanlage zu bauen. 1938 erfolgte zum 100-jährigen Geburtstag der EBV-Aktiengesellschaft der erste Spatenstich zum Bau der Grube, die den Namen des damaligen Präsidenten der ARBED (Aciéres Réunies de Burbach-Eich-Dudelange, auf deutsch: Vereinigte Stahlhütten Burbach-Eich-Düdelingen), Emil Mayrisch, tragen sollte. Auf einem Acker des Jülicher Landes nördlich der Ortschaft Siersdorf errichtete man 1938 Gerüst-Abteuftürme aus Holz und begann mit dem Bau einer Großschachtanlage. Das seinerzeit größte und leistungsfähigste Steinkohlenbergwerk Deutschlands sollte hier entstehen.

Stollen auf Emil Mayrisch mit der Statue der heiligen Barbara, der Schutzpatronin der Bergleute

Im September 1944 überrollten die Kriegsereignisse das Land. Nach Zerstörung der Übertageanlagen durch Artilleriebeschuss soffen die Schächte ab. Erst im Jahr 1947, als von den Besatzungsmächten die Betriebserlaubnis erteilt worden war, konnte mit Aufräumarbeiten begonnen und weiter geteuft werden.

Bergwerkskatze unter Tage

Anfang der 1950er Jahre wurde die erste Kohle in Siersdorf gefördert. Immer mehr Arbeitskräfte wurden auf der Zeche gebraucht. Hier fanden viele Menschen Arbeit, die im Osten Deutschlands aus ihrer Heimat vertrieben worden waren. Einige Straßennamen in Aldenhoven erinnern daran noch heute: Breslauer Straße, Königsberger Straße, Sudetenstraße. Ende der 1950er Jahre fuhren Werber des EBV in die Länder um das Mittelmeer und boten arbeitslosen Männern einen Arbeitsplatz auf der Siersdorfer Zeche an. Nach dem 1984 erfolgten Zusammenschluss mit der ehemaligen Grube Anna in Alsdorf erreichte die Förderung 10 000 Tonnen Kohle täglich bei einer Belegschaft von 5800 Mann.

Obwohl Emil Mayrisch zur modernsten Schachtanlage des Reviers ausgebaut war, wurde 1992 auf Emil Mayrisch die letzte Kohle gehoben und somit ging mit der Schließung des Verbundbergwerks Emil Mayrisch-Grube Anna eine nachweislich 800-jährige Bergbautätigkeit im Aachener Steinkohlebergbau zu Ende. Um die Erinnerung an den Bergbau wachzuhalten, gründeten Aldenhovener Bergleute unter der Federführung von August Albrecht mit 28 Gleichgesinnten am 28. März 1992 den Bergmännischen Traditionsverein für Stein- und Braunkohle.

Im Jahr 1996 wurde dem Verein von der Gemeinde Aldenhoven ein ehemaliges Kapuzinerkloster und Bauerngut, Haus Vaahsen, überlassen. Es kam viel Arbeit auf die Kumpel zu, doch nach 16 000 Arbeitsstunden, 18 Monaten und der Abfuhr von 60 Tonnen Schutt war das Werk vollbracht. Am 28. November 1997 konnte das Bergbaumuseum feierlich eröffnet werden. Während der Baumaßnahmen wurde im Gewölbekeller des ehemaligen Kapuzinerklosters eine bemerkenswerte Entdeckung gemacht: Man war auf die Grablege der Mönche gestoßen. Die geborgenen und neu eingesegneten Gebeine der Mönche ruhen jetzt in einem römischen Sarkophag im Kellergewölbe des Museums.

Pause unter Tage

Das letzte Grubenpferd auf Emil Mayrisch

Mit einem großem Fundus aus der bergmännischen Arbeitswelt dokumentiert das Museum Maschinen und Geräte, mineralische Sammlungen, Gesteinsproben, Werkzeuge und vieles mehr. Es lohnt sich allemal eine Führung mitzumachen und zum Abschluss ein »Hermännchen« zu trinken. »Glück Auf!«

Fischauflauf

Von Trudi Schmitz-Schunken

Dazu reicht man Reis.

600 g Fischfilet	mit
Salz, Pfeffer	würzen und in
2 EL Butterschmalz	kurz andünsten, beiseitestellen.
4 Möhren	und
3 Zucchini	in Würfel schneiden und
4 Zwiebeln	in Ringe schneiden.
2 Knoblauchzehen	zerdrücken. Knoblauch und Gemüse mit
Rosmarin	
Salz, Pfeffer	und
Thymian	würzen. Die Gemüsemischung in eine Auflaufform geben und das Fischfilet daraufsetzen.
40 g Butter	in einer Pfanne auslassen, mit
40 g Mehl	abbinden, mit
500 ml Wasser oder Milch	ablöschen und mit
Salz, Pfeffer	würzen. Die Mischung über das Fischfilet gießen. Mit
150 g Reibekäse	bestreuen und bei 200 °C Ober-/Unterhitze backen, bis der Käse geschmolzen ist.

Fein geschnitzt bis ins kleinste Detail sind die Antwerpener Altaraufsätze in der Linnicher Sankt Martinus Kirche.

Das Jülicher Land ist reich an Antwerpener Altären aus dem frühen 16. Jahrhundert. In Sankt Martinus in Linnich stehen gleich drei dieser aufwändigen Altaraufsätze (Retabel). In den Jahrzehnten um 1500 erwirtschaftete man in der Jülicher Börde eine Überproduktion an Getreide, das man nach Antwerpen verkaufte. Aus den Erträgen richtete man Altarstiftungen ein und bezog die Retabel aus Antwerpen.

Zanderfilets mit Lauchsahne

Von Irmtrud Franken

500 g Lauch	Die grünen Teile abschneiden, den Rest längs aufschlitzen und gründlich waschen. Den Lauch dann in feine Streifen schneiden.
2 Knoblauchzehen	schälen und in feine Scheiben schneiden.
½ unbehandelte Zitrone	heiß waschen und abtrocknen, die Schale fein abreiben und 2 bis 3 Teelöffel Saft auspressen.
½ Bund Petersilie	abbrausen, trockenschütteln, die Blättchen abzupfen und fein hacken. Nun
1 EL Butter	zerlassen und den Lauch mit dem Knoblauch darin andünsten.
125 ml Fisch- oder Gemüsefond	und
125 ml Sahne	aufgießen. Mit
Salz, Pfeffer	würzen. Lauch zugedeckt bei geringer Hitze in etwa 5 Minuten bissfest dünsten.
4 Zanderfilets (à 180 g)	falls nötig entgräten, mit
Salz, Pfeffer	würzen.
1 EL Öl	und
1 EL Butter	in einer großen Pfanne erhitzen. Zanderfilets bei mittlerer Hitze pro Seite etwa 2½ Minuten braten. Die Zitronenschale und die Petersilie unter das Lauchgemüse mischen. Mit
Salz, Pfeffer	und dem ausgepressten Zitronensaft abschmecken. Die Fischfilets auf Tellern verteilen und die Lauchsahne daneben anrichten.

Dazu schmecken Salzkartoffeln oder Kartoffelpüree.

In ihren alten Mauern beherbergt die Wasserburg in Birgel ...

... eine städtische Grundschule.

Taktisches Luftwaffengeschwader 31 »Boelcke«

Vom Taktischen Luftwaffengeschwader 31 »Boelcke«, Presse- und Öffentlichkeitsarbeit

Das Taktische Luftwaffengeschwader 31 »Boelcke« wurde im Jahre 1958 aufgestellt und gehört zu den ältesten fliegenden Einsatzverbänden der Bundeswehr. Tief am Standort Nörvenich/Kerpen verwurzelt ist das Geschwader fester Bestandteil der Region. Die im Süden des Fliegerhorstes gelegene Gemeinde Nörvenich umfasst 14 kleinere Ortsteile mit mehr als 10 000 Einwohnern, die bis an das Eifelvorland heranreichen. Nordöstlich, unweit von Köln gelegen, befindet sich die Kolpingstadt Kerpen. Mit rund 65 000 Einwohnern ist sie die größte im Rhein-Erft-Kreis.

In der Geschichte des Geschwaders wurden verschiedene Meilensteine gelegt, dabei hatte es oft die Rolle eines Vorreiters. So fand für die Luftwaffe die Einführung der Flugzeugmuster Starfighter F-104G und Panavia PA-200 Tornado auf dem rheinischen Fliegerhorst statt. Im Rahmen umfangreicher Umgliederungen der Luftwaffenstruktur wurde der Verband zum 1. Oktober 2013 in das Taktische Luftwaffengeschwader 31 »Boelcke« (TaktLwG 31 »B«) umbenannt. Diese Umgliederungen beinhalteten auch die Neuaufstellung der Taktischen Luftwaffengruppe »Richthofen« (TaktLwGrp »R«) am ostfriesischen Standort Wittmund, die fortan dem Nörvenicher Geschwader direkt unterstellt ist. Damit ist das größte Jet-Geschwader der Luftwaffe entstanden, welches künftig mit 51 Luftfahrzeugen von den zwei Flugplätzen Nörvenich und Wittmund aus operieren wird. Das Geschwader wird durch den Kommodore im Dienstgrad eines Obersts geführt.

Mit dem Einflug der ersten Eurofighter im Dezember 2009 wurde das Taktische Luftwaffengeschwader 31 »Boelcke« mit dem Aufbau der Luft-Boden-Rolle beauftragt. Das heißt, dass der Eurofighter künftig als mehrrollenfähiges Waffensystem (Multi Role) neben der Luftzielbekämpfung auch die Rolle des Jagdbombers übernehmen wird. Darüber hinaus stellt der Verband die Sicherung des norddeutschen Luftraums im Rahmen der QRA (Quick Reaction Alert) am Standort Wittmund sicher. Diese Bereitschaft dient sowohl als Beitrag zur integrierten NATO-Luftverteidigung und als Dauereinsatzaufgabe der Luftwaffe im Frieden. Zeitweise wird dieser Auftrag auch am Standort Nörvenich wahrgenommen.

Der Eurofighter auf dem Fliegerhorst Nörvenich

Gebeizter Lachs

In dünnen Scheiben mit Sahnemeerrettich und/oder Preiselbeersahne servieren.

Von Hedi Feucht

1 Lachshälfte (etwa 1,2 kg)	gut abwaschen und trocknen. Mit der Haut nach unten in eine mit Frischhaltefolie ausgelegte Saftpfanne aus dem Backofen legen. Mit
1 Glas Salz-Zucker-Mischung (2:1, à 200 ml)	den Lachs daumendick bedecken. Die Schale von
1 unbehandelte Zitrone	und
1 unbehandelte Orange	darüberreiben.
5 – 6 Wacholderbeeren	zerstoßen und ebenfalls darauf verteilen.
2 Bund Dill	mit Stielen grob hacken und den Lachs großzügig damit bedecken. Die Zitrone auspressen und den Saft darübergießen. Anschließend den Lachs mit der Frischhaltefolie abdecken und mit einem Holzbrett und einem Hammer oder einer Steinplatte beschweren. Mindestens 48 Stunden im Kühlschrank kalt stellen. Nach 24 Stunden und nach 48 Stunden die Flüssigkeit, die sich gebildet hat, abgießen. Dann den Lachs freilegen und vorsichtig kurz unter kaltem Wasser abspülen, um alles Salz zu entfernen.

Miesmuscheln in Chorizo-Sud

Von Petra Poullig

2 Zwiebeln	und
4 Knoblauchzehen	abziehen, würfeln und in
Öl	andünsten.
160 g Chorizo (spanische Salami)	in kleine Würfel schneiden, dazugeben und 3 Minuten mitdünsten. Dann
250 ml Sherry	angießen und aufkochen lassen.
2 kg Miesmuscheln	waschen, in den Sud geben und bei mittlerer Hitze 10 Minuten garen. Die Muscheln mehrmals vorsichtig umrühren.
½ Bund Petersilie	und
½ Bund Koriander (grün)	klein schneiden, unterheben und servieren.

Tautropfen im Lupinenblatt

Sauerkrautauflauf – der absolut weltbeste

Von Maria Clemens

1 mittelgroße Zwiebel (ca. 50 g)	schälen und in Würfel schneiden. In einer Pfanne in
Öl	zusammen mit
500 g Hackfleisch vom Rind	anbraten. Dann in eine Auflaufform umfüllen.
125 g Schinkenspeck	würfeln, in der Pfanne auslassen und anschließend
850 g Sauerkraut aus der Dose	und
250 ml Zigeunersoße	hinzufügen. Alles ein wenig köcheln lassen, dann auch in die Auflaufform geben.
400 ml Sahne	mit
200 g Schmand	verrühren und mit
Salz, Pfeffer, Paprikapulver	abschmecken. Über den Auflauf gießen. Etwa 15 Minuten bei 200 °C Umluft im Backofen überbacken.

Vorratstopf aus Langerwehe, die sogenannte »Kappesbaare«. Seit Jahrhunderten bis auf den heutigen Tag ideal, um einen Wintervorrat an Sauerkraut und Schnippelbohnen anzulegen.

Sauerkraut-Lauch-Auflauf

Von Margret Sachsen

840 g Sauerkraut aus der Dose	in einer gefetteten Auflaufform verteilen, mit
Salz, Pfeffer	würzen.
100 g Crème fraîche	in Klecksen darauf verteilen.
1 Stange Lauch	waschen, in 1 cm dicke Scheiben schneiden, 5 Minuten dünsten und zusammen mit
4 Mettwürste (klein geschnitten)	darauf verteilen.
500 g Kartoffeln	schälen, kochen, pressen und in die Auflaufform geben.
30 g Butter	in Flöckchen auf den Auflauf geben und noch einmal mit
Salz, Pfeffer, Muskat	würzen. Den Auflauf im Backofen bei 175 °C etwa 25 Minuten backen. Mit
2 EL Petersilie (fein gehackt)	garnieren.

Maisauflauf

Von Ria Zurhelle

1 Dose Mais (à 330 g)	gut abtropfen lassen und in eine gefettete Auflaufform geben.
1 kg Hackfleisch vom Schwein	anbraten, mit
Salz, Pfeffer	würzen und auf den Mais geben.
400 g Zwiebeln	schälen, waschen, in dünne Ringe schneiden und einige Minuten in Fett dünsten. Anschließend auf dem Hack verteilen.
2 kg Kartoffeln	waschen, schälen, kochen und Kartoffelpüree daraus herstellen. Das Püree als obere Schicht auf die Zwiebeln geben.
1 Eigelb	mit
1 EL Milch	verquirlen und das Kartoffelpüree damit bestreichen. Im vorgeheizten Backofen bei 225 °C etwa 15 Minuten überbacken.

Der Bahnhof Kreuzau der Rurtalbahn

Lauchauflauf

Von Wilfried Poullig

600 g Kartoffeln	mit Schale kochen, abpellen und in dünne Scheiben schneiden. In der Zwischenzeit von
1 kg Lauch	die dunklen Blätter und Wurzeln entfernen, die Lauchstangen der Länge nach halbieren und gründlich waschen, abtropfen lassen und in Ringe schneiden. In einem Schmortopf
2 EL Margarine	erhitzen und darin die Lauchringe andünsten.
150 ml kochendes Wasser	zugießen und mit
Salz, Pfeffer, Muskat	würzen. Zugedeckt bei schwacher Hitze 15 Minuten dünsten.
1 EL Mehl	in
300 ml Dosenmilch oder Sahne	verquirlen und unter das Gemüse rühren. Aufkochen und 5 Minuten ziehen lassen. Eine feuerfeste Form mit
Margarine	ausstreichen. Kartoffelscheiben einfüllen, mit
Salz, Pfeffer	würzen.
375 g Jagdwurst	abpellen, in Scheiben schneiden und über den Kartoffeln verteilen.
1 Dose geschälte Tomaten (à 320 g)	abtropfen lassen, Tomaten in Scheiben schneiden und darüberschichten, nochmals salzen und pfeffern. Jetzt das Lauchgemüse drübergeben, mit
50 g Emmentaler (grob gerieben)	bestreuen und mit
2 EL Butterflöckchen	besetzen. Lauchauflauf im vorgeheizten Backofen bei guter Hitze (175 bis 200 °C Ober-/Unterhitze) etwa 20 bis 25 Minuten überbacken.

Die feuchten Bereiche der Heide sind über Holzwege zu begehen. Das hilft nicht nur den Wanderern, sondern schützt vor allem Tiere und Pflanzen.

Naturschutzgebiet Drover Heide

Von Maria Zurhelle

In den Gemeinden Kreuzau und Vettweiß liegt die Drover Heide, ein etwa 670 Hektar großes Naturschutzgebiet. Das Gelände wurde 100 Jahre lang militärisch genutzt, zuletzt als belgischer Truppenübungsplatz. Seit 2004 ist es für die Öffentlichkeit freigegeben. Auf markierten Wegen kann es nun erwandert werden.

Etwa 120 Hektar der Gesamtfläche entfallen auf die eigentlichen Heideflächen, 290 Hektar sind Waldflächen, 150 Hektar werden von Rindern und Ziegen beweidet, damit die Heide kurz gehalten wird. Neben schottischen Hochlandrindern sind Ziegen, wie die Thüringer Waldziege, besonders geeignet, die Birken, Heidekräuter und Wacholder kurz zu halten.

Das Gebiet ist Lebensraum seltener Pflanzen- und Tierarten. Die Drover Heide ist auch als internationales Vogelschutzgebiet nach der europäischen Vogelschutzrichtlinie ausgewiesen. Hier wurden 460 Farn- und Blütenpflanzen nachgewiesen. Bisher konnten mehr als 130 Vogelarten beobachtet werden, darunter die besonders geschützten Ziegenmelker, Heidelerchen und Neuntöter. 120 Libellenarten leben um die etwa 700 kleinen Feuchtbiotope, die sich durch die militärischen Übungen, wie Panzerfahrten oder Schanzarbeiten gebildet haben. 17 verschiedene Heuschreckenarten und 38 Tagfalterarten sind beobachtet worden.

Im Ortsteil Soller der Gemeinde Vettweiß fand 2012 das erste Heidefest statt. Die LandFrauen des Ortsverbandes Vettweiß beteiligten sich mit einem Stand, an dem sie leckere, selbst gemachte Heidelbeer-Marmelade verkauften.

August in der Drover Heide

Nudelauflauf

250 g Bandnudeln	in
2 l Salzwasser (kochend)	geben und etwa 12 Minuten gar kochen.
125 g Kochschinken	würfeln. Abwechselnd mit den Nudeln in eine gefettete Auflaufform schichten.
3 Eier	mit
500 ml Milch	und
Salz	sowie nach Geschmack
etwas Muskat	verquirlen und über die Nudeln geben. Mit
100 g Reibekäse	bestreuen. Darüber
30 g Semmelbrösel	und
50 g Butterflöckchen	geben. Im Backofen bei 180 °C etwa 35 Minuten backen.

Dazu reicht man Tomatensoße.

Reich geschmückt ist der Innenraum von Sankt Cäcilia in Niederzier.

Sankt Cäcilia in Niederzier

Pikanter Ofenschlupfer

Von Helga Becker

5 Brötchen von den Vortagen	in 1 cm dicke Scheiben schneiden.
175 g Schinkenspeck	fein würfeln, in einer Pfanne ausbraten.
1 große Gemüsezwiebel	schälen, hacken und darin weich dünsten.
1 Bund Petersilie	waschen und fein hacken.
200 g Goudakäse	grob reiben. In eine gebutterte Auflaufform abwechselnd Brötchen, Speck-Zwiebel, Käse und Petersilie schichten. Mit Käse abschließen.
250 ml Sahne	
125 ml Milch	
3 Eier	und
250 g Quark (20 % Fett)	miteinander verrühren, mit
Salz, Pfeffer	würzen und über den Auflauf gießen. Bei 200 °C etwa 30 Minuten im Backofen backen.

In einer ehemaligen Wasserburg mitten im Ort befindet sich das Rathaus der Gemeinde Niederzier.

Wer will fleißige Waschfrauen sehen, der muss zum Eifelmarkt nach Langerwehe gehen.

Pilzauflauf

Von Marianne Färber

1 kg Kartoffeln	kochen, pellen, abkühlen lassen und in Scheiben schneiden, beiseitestellen.
50 g Speck	würfeln und in einem Topf auslassen, darin
200 g Zwiebelringe	glasig dünsten.
1 kg Champignons	dazugeben und weiter schmoren, bis die Flüssigkeit verdampft ist. Das Ganze mit
250 g saure Sahne	und
1 EL Mehl	binden und mit
Salz, Pfeffer	sowie
Thymian	
Rosmarin	und
Petersilie	pikant abschmecken. Nun die Kartoffelscheiben abwechselnd mit der Pilzmischung in eine Auflaufform schichten. Obenauf
100 g Reibekäse	geben, darüber
200 g Tomatenscheiben	und
50 g Butterflöckchen	legen. Bei 200 °C etwa 30 bis 40 Minuten backen. Vor dem Anrichten mit
50 g Petersilie	bestreuen.

Anlegestelle der Rurseeschifffahrt in Eschauel

Ob der essbar ist?

Blumenkohl-Brokkoli-Auflauf (für 10 Personen)

Von Michaela Koolen

10 große Kartoffeln	schälen, in Scheiben schneiden. Die Kartoffelscheiben in Salzwasser 8 Minuten kochen und in eine gefettete Auflaufform legen.
1 Kopf Blumenkohl	und
1 Brokkoli	in Röschen teilen und 15 Minuten dünsten.
4 Eier	mit etwas
Milch	und
Salz, Pfeffer, Muskat	würzen und über die Kartoffeln geben. Darüber das Gemüse verteilen.
2 Pck. Sauce hollandaise	nach Packungsanleitung zubereiten und über das Gemüse gießen. Den Auflauf mit
7 Scheiben Kochschinken	belegen.
200 g Reibekäse	über dem Auflauf verteilen. Im vorgeheizten Backofen bei 220 °C Ober-/Unterhitze auf der mittleren Schiene backen. Die ersten 20 Minuten den Auflauf mit Alufolie bedecken.

Dazu Baguette-Brot mit Kräuterbutter reichen.

Da werden Erinnerungen wach: Ich und du, Müllers Kuh, Müllers Esel, das bist du!

Die Vettweißer Vereine hatten während der Kulturtage zum Marktfest geladen. Dazu trugen auch die LandFrauen bei, die am Marmeladenstand »Tolkienchen«, das Maskottchen der Landesgartenschau 2014 in Zülpich, anlockten.

Bäuerinnen früher und heute – von der Winterschule zum Kurs für Agrarbürofachfrauen

Von Maria Schäkel, Geschäftsführerin RhLV Düren-Jülich

Töchter aus landwirtschaftlichen Betrieben hatten früher meist eine hauswirtschaftliche Ausbildung und besuchten in den Wintermonaten die an vielen Standorten verfügbare »Winterschule« der ländlichen Hauswirtschaft. So gab es auch in Düren und Jülich diese »Mädchenschulen« bis in die 1970er Jahre. Kochen, backen, nähen, Vorratshaltung und mehr standen auf dem Stundenplan. Galt es doch, die jungen Frauen fit zu machen für die Einheirat in einen landwirtschaftlichen Betrieb, in dem die Haushaltsführung bei der engen Verflechtung zwischen Haushalt und Betrieb eine wichtige Rolle spielte. Sehr oft bereiteten sich die Frauen auf die Meisterprüfung der ländlichen Hauswirtschaft vor, um dann selbst wieder junge Frauen ausbilden zu können.

Heute sind junge Frauen, die einen Landwirt heiraten, in aller Regel sehr gut ausgebildet und über Jahre in dem gelernten Beruf zum Beispiel als Bankkauffrau, Steuerfachangestellte, Lehrerin oder Tierärztin tätig. Um den vielfältigen

Der Schuljahrgang 1950 der Landwirtschaftsschule Düren in der Übergangsschule am Chlodwigplatz

Aufgaben im Betrieb gewachsen zu sein, besuchen viele junge Bäuerinnen die in Kooperation zwischen dem Rheinischem LandFrauenverband und der Landwirtschaftskammer angebotenen Lehrgänge zur Agrarbürofachfrau.
Diese Kurse werden seit 2002 im Rheinland erfolgreich durchgeführt. In knapp 100 Unterrichtsstunden erhalten Frauen aus landwirtschaftlichen Betrieben Fortbildung in Büroorganisation, Kommunikation und Zeitmanagement, Arbeits- und Vertragsrecht in der Landwirtschaft, Buchführung und Grundlagen der Agrarförderung. Damit erhalten sie die nötigen Grundlagen und Kenntnisse, um Einblick in die Betriebsführung und in das Management zu bekommen und eigene Aufgaben im Betrieb zu übernehmen.
Anschließend werden Fortbildungen in Form von WiN-Kursen angeboten. WiN steht für Weiterbildung im Netzwerk und beinhaltet ein Weiterbildungs-Abonnement für jeweils ein Jahr mit Vorträgen und Seminaren rund um den Betrieb, das Management und die Familie.
Heute gibt es in den Betrieben sowohl »Vollzeit-Bäuerinnen«, die den Haushalt und zum Teil das Agrarbüro managen und Aufgaben im Betrieb übernehmen, als auch die außerlandwirtschaftlich berufstätige Bäuerin, die wie viele andere Frauen den Spagat zwischen Haushalt, Beruf und Betrieb organisiert. Dies geht dann oft nur durch den Zukauf von Dienstleistungen und/oder durch ein gutes Netzwerk im Familien- und Freundeskreis.

Die Frauen des Schuljahrgangs 1950 der Landwirtschaftsschule Düren

Schwarze Nüsse

Die Nüsse sollen nun etwa 1 Jahr stehen, bevor sie verzehrt werden können. Die Haltbarkeit beträgt mindestens 3 Jahre.

Von Renate Xhonneux

1 kg junge, grüne Walnüsse	Anfang bis Mitte Juni vom Baum pflücken und gründlich waschen. Die Nüsse mit einer dicken Nadel oder einem Rouladenspieß etwa 10 bis12 Mal einstechen. Dabei Gummihandschuhe tragen, damit es keine Verfärbungen an den Händen gibt. Die angestochenen Nüsse in einem sauberen Eimer mit so viel kaltem Wasser übergießen, bis sie vollständig bedeckt sind. Das Wasser nun 10 Tage lang täglich wechseln. Am 10. Tag die inzwischen dunkel gewordenen Nüsse erst mit kaltem Wasser abspülen und dann etwa 10 bis 15 Minuten in klarem Wasser weich kochen.
2 kg Zucker	mit
1 l Wasser	sprudelnd aufkochen. In diese Zuckerlösung nun die Nüsse geben und 24 Stunden kühl stellen. Am nächsten Tag die Nüsse auf ein Sieb geben, die Zuckerlösung auffangen und wieder sprudelnd aufkochen. Dann wieder die Nüsse zufügen. Diesen Vorgang insgesamt 5 Tage lang wiederholen. Am 6. Tag die Nüsse zu je 2 oder 3 Stück in kleine, sauber gespülte Schraubgläser füllen, mit der erneut aufgekochten Zuckerlösung übergießen und mit den ebenfalls sauberen und ausgekochten Deckeln fest verschließen. Die Gläser sofort für etwa 15 Minuten auf den Deckel stellen, dann erst umdrehen. Alternativ kann man die Gläser auch einkochen, muss aber nicht sein.

Die zuckersüßen, in Scheiben geschnittenen schwarzen Nüsse, kombiniert mit herzhaftem Käse, sind ein Hingucker auf jeder Käseplatte.

Schwarze Nüsse mit herzhaftem Käse – ein außergewöhnlicher Genuss

Möhrenstampf mit Honig-Mettwürstchen

Von Sandra Ohler und Bernd Jansen

2 mehlig kochende Kartoffeln	und
500 g Möhren	schälen und klein würfeln. Beides in einem Topf in
1 EL Olivenöl	sanft anschwitzen.
4 geräucherte Mettwürste	mit der Gabel rundum anpieksen und mit in den Topf geben. Anschließend
300 ml Gemüsefond	aufgießen und
1 TL Ingwer (frisch)	in den Topf reiben. Mit
Salz, Pfeffer, Muskat	würzen. Das Ganze 20 Minuten bei geschlossenem Deckel und kleiner Hitze kochen lassen, bis die Möhren gar sind. Die Mettwürste aus dem Topf nehmen und in Scheiben schneiden.
2 EL Honig	in einer Pfanne zum Schmelzen bringen und die Mettwurstscheiben darin anbraten. Mit einem Stampfer das Möhrengemüse gut durchstampfen. Die Mettenden auf dem Möhrenstampf verteilen und mit
2 EL gehackte Petersilie	bestreuen.

Das alte Oberbolheim lag direkt neben der Zufahrt unterhalb der Landebahn des Fliegerhorstes Nörvenich. Wegen der Lärmbelästigung durch die Düsenflugzeuge und die schrecklichen Abstürze wurde der Ort 1968/69 durch das Bundesverteidigungsministerium umgesiedelt. Heute erinnert nur noch die Antoniuskapelle an den alten Ort.

Pizzabrötchen

Von Karin Käufer

250 ml Sahne	steifschlagen,
200 g geriebener Emmentaler	
Pizzagewürz	und
Salz	nach Geschmack dazugeben.
1 Dose Champignons (à 340 g)	Pilze in kleine Stücke schneiden. Von
3 Tomaten	den Strunk entfernen und
1 Paprikaschote	von den Kernen befreien. Tomaten und Paprika ebenfalls in kleine Stücke schneiden.
2 Zwiebeln	abziehen und klein würfeln. Alles unter die Sahnemischung heben.
200 g Thunfisch (aus der Dose)	in kleine Stücke zupfen und ebenfalls unterheben.
8 kleine Baguette-Brötchen	halbieren und mit
1 Tube Tomatenmark	bestreichen. Dann die Masse darauf verteilen und 20 Minuten bei 180 °C überbacken.

Anstelle von Thunfisch kann man auch klein geschnittenen Schinken oder Salami verwenden.

Im Rapsfeld – Energie trifft auf Kraft und Anmut.

Lothringer Schinkentorte

Von Marlene Ritz

250 g Mehl	mit
125 g Butter	
1 Ei	
1 Msp. Salz	und
2 EL Wasser	zu einem Mürbeteig verarbeiten und 1 Stunde kühl stellen. Dann eine Spring- oder Quicheform damit auslegen.
250 g Goudakäse	in Streifen schneiden,
200 g Schinkenspeck	würfeln und beides auf dem Teig verteilen.
3 Eier	mit
125 ml Milch	sowie
1 Msp. Paprikapulver (edelsüß)	verrühren und darübergießen. Bei 200 °C Ober-/Unterhitze etwa 30 Minuten backen.

Curry-Rahm-Nudeln

Von Trudi Schmitz-Schunken

250 g Nudeln	in Salzwasser bissfest garen.
2 Möhren	schälen, in Würfel schneiden und dünsten.
1 EL Öl	in einer Pfanne erhitzen, darin
300 g gemischtes Hackfleisch	kräftig anbraten und mit
Salz, Pfeffer	würzen. Das Fleisch aus der Pfanne nehmen und beiseitestellen.
1 Zwiebel	schälen, in Würfel schneiden und im Bratfett glasig dünsten. Mit
1 Msp. Currypulver	würzen und dann mit
100 ml Sahne	sowie
250 ml Brühe	ablöschen, etwas einkochen lassen. Nudeln, Möhren und Hackfleisch untermischen und nochmals abschmecken.

1950 war Anmut durch Gleichgewichtssinn ersetzt.

Kräuterpfannkuchen mit Paprikafüllung
(für 2 Personen)

Von Marlies Dohmen

Pfannkuchenteig

100 ml Milch	
100 ml Wasser	
150 g Mehl	und
1 Prise Salz	in eine Schüssel geben und mit dem Schneebesen verrühren.
3 Eier	und
50 g zerlassene Butter	dazugeben und einige
Thymian- und Salbeiblättchen	unterrühren. In eine kleine Pfanne (Ø 15 cm)
1 TL Öl	geben, heiß werden lassen und 1 Schöpfkelle Teig hineingeben. Zugedeckt bei mittlerer Hitze backen. Ist die Oberseite fest und leicht braun, den Pfannkuchen wenden und in der offenen Pfanne fertig backen. Der Teig ergibt 4 Pfannkuchen, diese warm stellen.

Füllung

2 rote Paprikaschoten (etwa 400 g)	entkernen und in Würfel schneiden.
100 g Schafskäse	zerbröseln,
1 Bund Petersilie	klein hacken. Nun
1 EL Öl	in einem Topf erhitzen, die Paprikaschoten 3 Minuten darin erhitzen, Käse und Petersilie untermischen. Die Pfannkuchen damit füllen und zuklappen. Heiß servieren.

Dazu einen Salat servieren.

Die evangelische Kirche liegt an der Hauptstraße in Inden/Altdorf.

Ziegenfrischkäsesoufflé (für 6 Personen)

Von Carina Jansen

3 Eigelb	mit
160 g Ziegenfrischkäse	und
40 g Magerquark	verrühren.
3 Eiweiß	mit
1 Prise Salz	und
60 g Zucker	zu festem, aber noch cremigem Eischnee schlagen. 6 Souffléförmchen mit
Butter (weich)	auspinseln und mit
etwas Zucker	ausstreuen. Zunächst ein Drittel des Eischnees kräftig unter die Käse-Eigelb-Masse rühren. Den Rest Eischnee vorsichtig unterheben. Die Förmchen zu drei Viertel füllen und im Wasserbad im vorgeheizten Backofen bei 180 °C Ober-/Unterhitze etwa 15 bis 20 Minuten backen. Zum Garnieren einige
Zitronenmelisseblätter	und
etwas Puderzucker	verwenden.

Die Umsiedler aus Altdorf und Inden siedelten ab 1991 im neuen Ort Inden/Altdorf.

Brunnen am Rathausplatz in Inden/Altdorf

Spargelcocktail mit Shrimps

Von Margret Frings

500 g weißer Spargel	waschen und schälen, in einem Spargeltopf oder Bräter in
250 ml Wasser	mit
1 Prise Salz	
1 TL Zucker	und
10 g Butter	zum Kochen bringen. Den Spargel etwa 20 Minuten garen und gut abtropfen. Für die Soße
2 EL Mayonnaise	
100 g Magerjoghurt	und den Saft von
½ Zitrone	verrühren. Mit
1 Prise Salz	
Cayennepfeffer, Paprikapulver	und
1 Bund Dill (gehackt)	abschmecken.
250 g Shrimps (gekocht und geschält)	zusammen mit dem Spargel unter die Soße heben.
Einige Blätter Lollo Rosso	waschen, gut abtropfen lassen. Die Blätter z.B. in Sektschalen anrichten, den Spargelcocktail einfüllen.
Etwas Dill	waschen, den Cocktail damit garnieren

Die Kapelle der heiligen Brigida in Wissersheim stammt ursprünglich aus dem Jahr 1682.

Die heilige Brigida von Wissersheim

Von Else Laufenberg

Die heilige Brigida, deren Fest am 1. Februar gefeiert wird, ist die Beschützerin des Viehs und des Bauernstandes. In Wissersheim genießt sie besondere Verehrung. Zu ihr pilgerten die Bauern aus den umliegenden Dörfern und erbaten ihre Hilfe, hatten sie doch mehr Vertrauen in die Heilige als in die Tierärzte.

Am Festtag der Heiligen wurden früher drei Messen zur Verehrung der Reliquie gelesen, das Hochamt sogar »vierspännig«, das heißt mit vier Priestern. Die Menschen brachten Brot zur Segnung mit in die Kirche. Dieser Brauch besteht noch heute, nimmt aber mit den Jahren immer mehr ab. Am Fest der Brigida waren die Straßen gesäumt mit Buden, die allerhand Krimskram, Lebkuchen und Brezeln verkauften. Aus Lechenich kam der »Kappenmann« und bot warme Mützen aus Filz an, die er selber herstellte.

Die wertvolle Statue der Brigida und die Reliquie werden heute in der Kirche Sankt Martin in Wissersheim aufbewahrt.

Wissersheim liegt nicht weit von Frechen entfernt. Als Papst Benedikt 2005 dort die Messe zum Weltjugendtag zelebrierte, konnte man in Wissersheim sowohl das hell erleuchtete Kreuz sehen, als auch die Messe verfolgen – dank der Lautsprecher. Von der Brücke über die L495 sah man hunderte Busse und Pilger, die auf der Straße Rast machten.

Wissersheim im Mai

Zuckerrübenblatt-Schnecken

Von Nadine Buchholz, Landwirtschaftlicher Informationsdienst Zuckerrübe, Elsdorf

2 Knoblauchzehen	schälen, zerdrücken und mit
200 g Schafskäse oder Fetakäse	sowie
200 ml Olivenöl	zu einer cremigen Paste mixen. Sie sollte nicht zu flüssig sein. Mit
Salz, Pfeffer	würzen.
400 g unbehandelte Zuckerrübenblätter	gut waschen und blanchieren. Die Blätter von den Stielen lösen und alles klein schneiden.
2 Rollen Blätterteig (à 275 g)	ausbreiten, die Schafskäsecreme auf beide Rollen verstreichen, dann die Zuckerrübenblätter und -stiele verteilen (aber nicht zu dick und schön gleichmäßig). Mit
Muskat	würzen und den belegten Teig vorsichtig einrollen. Die beiden Rollen mit etwas
Eigelb (verquirlt)	bestreichen, in etwa 1 bis 2 cm dicke Scheiben schneiden und die Scheiben auf einem gefetteten Backblech verteilen. Im vorgeheizten Backofen bei 200 °C auf der mittleren Schiene etwa 10 bis 15 Minuten backen, bis der Blätterteig goldbraun ist.

Man kann auch noch rohes Hackfleisch mit frischen Kräutern, etwas Gewürz und Knoblauch mischen, anbraten und zusätzlich zu dem vorhandenen Belag mit auf dem Blätterteig verteilen. Wichtig ist, dass man nur unbehandelte Zuckerrübenblätter verwendet.

Zuckerrübenfeld nördlich der Sophienhöhe

Spargel-Omelett

Von Maria und Ulf Vit

1 kg Spargel	schälen und die Endstücke großzügig abschneiden. In einem hohen Spargeltopf
250 ml Wasser	mit
1 TL Butter	und
je 1 TL Zucker, Salz	erhitzen und die Spargelstangen hineinstellen. Je nach Dicke der Stangen 15 bis 20 Minuten kochen. Inzwischen
½ Bund Petersilie	kalt abbrausen, abtropfen lassen und fein hacken.
12 Eier	trennen und das Eigelb mit
2 EL kaltes Wasser	1 Minute mit der Gabel schlagen.
1 EL Speisestärke	in
2 EL kaltes Wasser	auflösen und unter die Eimasse rühren. Den Großteil der Petersilie zugeben und mit
½ TL Salz	
Pfeffer (weiß), Muskat	würzen. Das Eiweiß steifschlagen und unterheben.
Butter	in einer kleinen Pfanne nicht zu stark erhitzen, ein Viertel der Eimasse eingießen und die Omeletts portionsweise ausbacken. Dabei die Pfanne mehrmals ruckeln, damit das Omelette nicht anbackt. Bei geschlossenem Deckel 4 bis 5 Minuten backen, bis die Masse an der Oberfläche gestockt ist. Omelettes mit abgetropftem Spargel belegen und mit etwas Petersilie bestreut servieren.

Dazu schmeckt ein kühles Glas Weißer Burgunder.

Knackfrischer Spargel

Weiche Waffeln (ergibt etwa 12 Stück)

Von Angelika Eller

> Dazu reicht man Rote Grütze oder gebundene Sauerkirschen und Sahne.

250 g Butter oder Margarine	mit
200 g Zucker	
1 Pck. Vanillezucker	gut sahnig rühren.
5 Eier	nach und nach zugeben. Dann
125 ml Milch	unterrühren.
375 g Mehl	mit
3 TL Backpulver	mischen, dazugeben und verrühren. Im heißen Waffeleisen Waffeln abbacken. Mit
Puderzucker	bestreuen.

Bei der Umsiedlung von Pier, Gemeinde Inden, nach Pier, Gemeinde Langerwehe, brachten die Pierer lieb gewordene Traditionen mit. Dazu gehört auch der Maibrauch.

Einfach lecker! Hoffentlich sind keine Würmer drin.

Armer Ritter

Von Oma Agnes Frings

250 ml Milch	mit
1 TL Zucker	
2 TL Mehl	und
2 Eier	aufschlagen.
4 Scheiben mittelaltes Weißbrot oder Brötchenhälften	hineinlegen und einweichen lassen. Die vollgesaugten Brotscheiben in
Butter (gute Qualität)	langsam goldgelb braten.

Dazu Vanillesoße reichen oder mit Zucker bestreuen.

Tsatsiki

Von Melanie Schmitz-Schunken

500 g Magerquark	
125 g Crème fraîche	
1 TL Salz	
1 TL Zucker	
1 Msp. Pfeffer	und den Saft von
½ Zitrone	miteinander verrühren.
2 Knoblauchzehen	pressen und zugeben, mit
1 gestr. TL Tsatsikigewürz	würzen und vermischen. Nun noch
1 Salatgurke	fein raspeln und unterheben.

Tsatsiki schmeckt gut zu Folienkartoffeln oder Grillfleisch.

Im 12. Jahrhundert unter den Herzögen von Limburg errichtet, war die Laufenburg Schutzburg für das Kloster Wenau. Die Burg ist heute in Privatbesitz. Die Pächterfamilie betreibt hier seit Jahrzehnten eine Gaststätte.

Bratäpfel – beschwipst

Von Margret Frings

4 Äpfel (z.B. Boskop)	waschen und die Kerngehäuse ausstechen.
2 EL gemahlene Haselnüsse	
3 EL Zucker	
1 Msp. Zimt	und
1 EL saure Sahne	miteinander verrühren und in die Äpfel füllen. Die Schale längs einschneiden.
160 ml Weißwein	in eine Auflaufform geben und die Äpfel hineinsetzen. Bei 200 °C Ober-/Unterhitze etwa 20 bis 30 Minuten im Backofen gar braten. Vor dem Servieren eine Haube aus
geschlagene Sahne	aufsetzen.

Der Frühling kann kommen.

Die Äpfel vom letzten Herbst warten im April 2014 anscheinend auf neue.

Omas Quarkmutzen

Rezept aus dem Jahr 1943 von Monika Offergeld

Teig

250 g Magerquark	schaumig rühren.
3 Eier	unter stetigem Rühren nach und nach dazugeben.
125 g Zucker	und
1 Pck. Vanillinzucker	hinzufügen. Dann
250 g Mehl	löffelweise zugeben und zum Schluss
1 Msp. Natron	zufügen.

Ausbacken

	In einem kleinen Kochtopf
125 g Kokosfett	und
250 ml Sonnenblumenöl	erhitzen, bis sich Bläschen am Holzlöffel bilden. Nach und nach mit zwei Teelöffeln kleine Bällchen von 4 bis 5 cm abstechen und im Fett goldgelb backen. Auf einem Rost oder Küchenpapier abtropfen lassen. Abkühlen lassen und mit
Puderzucker	bestäuben.

Wenn der Nachwuchs so begeistert mitmacht, bleibt die Tradition lebendig.

Eingangsportal der Kommende Siersdorf

Die Rur – blaue Lebensader im Kreis Düren

Von der Biologischen Station Düren e.V.

Wie ein blaues Band durchzieht die Rur den Kreis Düren von Heimbach bis Linnich. Dort, wo ihre Quelle liegt, im Naturpark Hohes Venn bei Sourbrodt in Belgien, wird sie noch Eifel-Rur genannt. Auf 660 Metern über NN beginnt ihr Weg durch drei verschiedene Großlandschaften und drei Länder (Belgien, Deutschland, Niederlande). Die längste Strecke, mehr als 130 Kilometer, fließt die Rur jedoch durch die Kreise Aachen, Düren und Heinsberg, bevor sie dann im Flachland in Roermond in die Maas mündet.

Wie Perlen auf einer Kette erstrecken sich entlang der Rur und benachbart mehrere Schutzgebiete als ökologische Kleinode. Diese sogenannten FFH-Gebiete, von Flora-Fauna-Habitat abgeleitet, genießen den allerhöchsten europäischen Schutz. Ziel ist sowohl der Schutz als auch die Optimierung einer naturnahen, strukturreichen Flussauenlandschaft.

Im Süden des Kreises Düren, zwischen Heimbach und Kreuzau, fließt die Rur relativ ungestört und bietet mannigfachen Lebensraum für viele heute seltene Arten. Die Vernetzung mit den angrenzenden Schutzgebieten »Buntsandsteinfelsen« und »Ruraue von Obermaubach bis Heimbach« macht das Rurtal einzigartig in Nordrhein-Westfalen. Ausgeprägte galerieartige Ufergehölze aus alten Silberweiden, Erlen und Eschen begleiten den Fluss auf seiner Reise. An einigen Stellen gibt es auch großflächigere Weichholzauenwälder, die landesweit sehr selten sind.

Ist die Rur im Süden des Kreises Düren zunächst noch als durch das Mittelgebirge geprägter Fluss oftmals von grünen Wiesen und Weiden umgeben, so wird sie bald immer breiter und verdient sich zunehmend ihren Namen Fluss.

Im Jülicher und Linnicher Land fließt sie zum einen durch eine intensiv landwirtschaftlich genutzte Bördelandschaft, zum anderen geben Schutzgebiete wie der Rurmä-

Blick in einen naturnahen Abschnitt der Rur im Naturschutzgebiet Rurauenwald-Indemündung

Die Hochzeitsbäume im Rurmäander sind markiert und zeigen so, wem die Pappel gehört.

ander zwischen Floßdorf und Broich mit überwiegend naturnah mäandrierenden Rurabschnitten einen imposanten Eindruck einer ursprünglicheren Flusslandschaft. Natürliche Strukturen wie Inseln mit Kiesbänken und Uferabbrüche mit Prall- und Gleithängen, Auen mit Altwässern und Auenwaldrestbeständen sowie zahlreiche Flutrinnen lassen uns erahnen, wie ein naturnaher Fluss aussehen kann. Im angrenzenden Kellenberger Wald dominieren großflächige Erlen-Eschen- und Eichen-Hainbuchenwälder und Relikte der ehemals die Rur begleitenden Hartholz-Auenwälder. Dort, wo der Auwald forstlich nicht genutzt wird, ist häufig Alt- und Totholz anzutreffen. Ein Paradies nicht nur für Käfer und andere von Totholz und Holzpilzen lebende Tiere, sondern auch für andere Profiteure, wie beispielsweise die Spechte. Stellenweise vernässte Weiden, artenreiches Magergrünland und Trockenrasen auf natürlichem Rurschotter sind andernorts kaum noch anzutreffen.

Im Naturschutzgebiet Rurmäander zwischen Floßdorf und Broich

Pappeldriesch im Naturschutzgebiet Rurmäander

Die Rur ist das blaue Band, welches all diese Lebensräume verbindet. Der Biber nutzt dieses Band als seine ganz persönliche Lebensader. Im Kreis Düren lebt er entlang der gesamten Rur und man erkennt sein kreatives Schaffen als Baumeister schon von weitem. Immer mehr Menschen finden Gefallen an dem großen Nager und lassen sich von seiner Lebensweise faszinieren.

Einzigartig und kulturhistorisch bedeutsam sind auch die sogenannten »Pappeldriesche« zwischen Düren und Linnich. »Driesch«, ins Hochdeutsche am besten mit »baumbestandene Weide« übersetzt, beinhaltet die traditionelle Doppelnutzung der Allmendefläche durch Forst- und Landwirtschaft. Diese im Rurmäander bei Barmen noch rudimentär vorhandene Doppelnutzung der Aue als Weideland und Pappelwald geht auf eine lange Tradition zurück. Die Pappeln wurden ehemals als »Hochzeitsbäume« gepflanzt und waren die schnell wachsende Mitgift für Kinder oder Kindeskinder. Auch jetzt noch findet man an der ein oder anderen Pappel Zahlen, die auf die Hausnummern der Eigentümer hindeuten. Heute haben die Hybrid-Pappeln kaum noch eine wirtschaftliche Bedeutung. Allerdings sind die mit Pappeln bestockten Weideflächen immer noch ein prägendes Element der heimischen Kulturlandschaft, die es durch extensive Nutzung zu erhalten gilt.

Puffertskuchen

Von Renate Xhonneux

500 g Weizenmehl	in eine große Schüssel sieben und in die Mitte eine Mulde drücken.
40 g Hefe	hineinbröckeln und mit ein wenig von
500 ml Milch (lauwarm)	und
30 g Zucker	sowie mit etwas von dem Mehl auflösen. Zugedeckt an einem warmen Ort bis zur doppelten Größe aufgehen lassen. Dann
3 Eier	
½ TL Salz	
8 EL geriebene, gekochte Kartoffeln	
½ TL Zimt	und
150 g Korinthen	sowie den Rest der lauwarmen Milch hinzugeben und kräftig durcharbeiten. Den Teig nochmals aufgehen lassen und in heißem
Fett (zum Backen)	kleine Kuchen von beiden Seiten hellbraun backen. Wer möchte, kann noch
Zucker	darüberstreuen.

Das Erlegen des Holzvogels, das Krönen des Schützenkönigs, Spielmannszüge, bunte Uniformen, Roben und Fahnen, Blasmusik und Festzüge – das gehört in fast jedem unserer Dörfer einmal im Jahr zum Schützenfest. In Nordrhein-Westfalen gibt es fast 3000 Bruderschaften, die sich auf eine lebendige Tradition berufen, deren Wurzeln bis ins Mittelalter reichen. Hier die Sankt Matthäus-Schützen in Neu Pattern.

Spargel-Quiche

Von Margret Frings

250 g Weizenvollkornmehl	
1 Ei	
½ TL Salz	
100 g Butter	
2 – 4 EL Wasser	Alle Zutaten zu einem Mürbeteig verarbeiten und kalt stellen.
1 kg Spargel	waschen, schälen, in etwa 2 cm lange Stücke schneiden. Nun
250 ml Wasser	mit
je 1 Prise Salz, Zucker	und
10 g Butter	zum Kochen bringen. Den Spargel darin etwa 12 Minuten garen, gut abtropfen lassen. Den Mürbeteig ausrollen, eine gefettete Quicheform damit auslegen und bei 200 °C Ober-/Unterhitze 5 Minuten vorbacken.
2 Scheiben Kochschinken	in Streifen schneiden,
1 Bund Petersilie	waschen und klein hacken.
2 Eier	mit
125 ml Sahne	in einer Tasse verquirlen.
70 g Parmesankäse (gerieben)	unter die Eiersahne rühren. Die Spargelstücke, Schinken und Petersilie auf den vorgebackenen Mürbeteig geben. Die Eier-Käse-Masse darübergießen und bei 220 °C Ober-/Unterhitze etwa 30 Minuten backen.

Echinacea, der rote Sonnenhut, ist eine alte Heilpflanze gegen Erkältungen.

Giersch

Von Renate Xhonneux

Junger Giersch gehört im Frühling, wie auch junge Brennnesseln, zu den ersten wilden Gemüsen. Er wird zubereitet und verwendet wie Spinat, schmeckt auch ähnlich, ist nur etwas würziger.

Etwa 1 kg junge Gierschblätter	gut verlesen, kurz aber gründlich waschen.
1,5 – 2 l Wasser	mit
½ TL Salz	in einem großen Topf zum Kochen bringen. Den Giersch dazugeben und 2 bis 3 Minuten kochen. Er fällt sehr stark zusammen.
1 TL Margarine	zerlassen.
1 Schalotte	und nach Geschmack
1 Knoblauchzehe	schälen, fein würfeln und langsam in der Margarine glasig dünsten. Das Gemüse mit
Muskat	und
Salz, Pfeffer	abschmecken.

Variante für ein Fischgericht
Für ein kalorienarmes, feines Fischgericht wird in einer Auflaufform aufgeschichtet: gekochter Lachs (Tiefkühlprodukt), nach Wunsch mit wenig Sahne übergießen, darauf den wie oben zubereiteten Giersch und darüber eine Schicht aus Röstikartoffeln (Fertigprodukt), mit etwas Käse bestreut. Das Ganze etwa 15 Minuten im Backofen überbacken oder 5 Minuten unter dem Grill überkrusten.

Kiebitzeier werden in einer Mulde auf dem Boden ausgebrütet.

Giersch und Brennnessel sind im Frühling die ersten vitaminreichen Frühlingsgemüse in der Wildkräuterküche.

Sauerampfersuppe

Von Elisabeth Reinartz

1 Zwiebel	abziehen und würfeln. In einem Topf
30 g Butter	erhitzen und die Zwiebeln darin dünsten.
125 g Sauerampferblätter	taufrisch pflücken und hacken, zufügen und etwas schmoren lassen.
750 ml Hühnerbrühe	und
1 TL Zucker	zugeben, 7 Minuten garen.
200 ml Sahne	zugeben und nicht mehr kochen. Mit
Salz	und eventuell mit
gekörnte Brühe	abschmecken.

Wir strahlen um die Wette.

Der Kiebitz lebt in offenen Landschaften; seine Nahrung besteht hauptsächlich aus Insekten und Würmern.

Wildkräutersalat

Von Elisabeth Reinartz

25 g gemischte Wildkräuter (pro Person)	gründlich waschen, abtropfen lassen, eventuell klein schneiden. Zur Milderung des Geschmacks kann man Kulturgemüse wie
Radieschen, Tomaten, Salatgurke, Salatblätter	dazu schneiden. Das Ganze dann mit Salatsoße mischen.

Salatsoße (für 4 Personen)

2 – 3 EL Kräuteressig oder Zitronensaft	mit
3 EL Wasser	
3 EL Öl	
2 TL Senf	
Kräutersalz, Pfeffer	und
1 TL Honig	mischen. Zur Verfeinerung der Soße noch etwas
Sahne (alternativ Schmand oder Joghurt)	dazugeben.

Wildkräuter: z.B. Bärlauch, Giersch, Gänseblümchen, Gundermann, Vogelmiere, Sauerampfer, Spitzwegerich, Pimpinelle, Taubnessel, Knoblauchrauke, Schafgarbe, Löwenzahn.

Holzkohlenmeiler am Grillplatz Schmidt

Löwenzahnsirup

Von Renate Xhonneux

100 g Löwenzahnblüten (am besten solche, die noch nicht voll aufgeblüht sind und noch ein kleines Kegelchen in der Blütenmitte haben)	Die Blüten gut verlesen, nicht waschen. Blüten in
1 l Wasser	kurz aufkochen und den geschlossenen Topf über Nacht stehen lassen. Nach mindestens 12 Stunden die Brühe durch ein feines Sieb gießen und anschließend mit
750 g Zucker	zum Kochen bringen. Den Sud in etwa 1,5 bis 2 Stunden ohne Topfdeckel langsam bei geringer Hitze zu Sirup einköcheln lassen. Dabei immer wieder umrühren. Ist der Sirup zu steif geraten, mit etwas heißem Wasser verdünnen und kurz aufkochen lassen. Ist er noch zu flüssig, weiter einkochen. Den Sirup kochend in heiß ausgespülte Schraubgläser oder -flaschen füllen und fest verschließen.

Der Sirup kann zum Süßen von Getränken, Joghurt und Quark oder auch als Brotaufstrich verwendet werden. Besonders lecker ist er mit Sekt gemischt oder auch mit Mineralwasser.

Bärlauchsuppe (für 2 Personen)

30 g Bärlauchblätter	waschen, trockentupfen und fein schneiden.
2 Kartoffeln	schälen, würfeln.
1 Knoblauchzehe	klein schneiden. Alles in
400 ml Gemüsebrühe	geben und leicht köcheln lassen, bis die Kartoffeln weich sind. Die Zutaten mit dem Pürierstab zerkleinern und mit
Salz, Pfeffer	sowie
2 Msp. Cayennepfeffer	würzen.
100 ml Sahne	dazugeben und servieren.

Igel sind des Gärtners Freund, gehören doch Nacktschnecken zu ihrer Leibspeise.

Zwischen Pflug und Mähdrescher – die Lebenswelt der Ackerfluren

Von der Biologischen Station Düren e.V.

Das in der Region auch Feldhuhn genannte Rebhuhn ist eine Charakterart der Börde. Leider gehen die Bestände dramatisch zurück.

Strukturreiche Säume an Feldern und Wegen bereichern das Landschaftsbild und sind für den Erhalt der Artenvielfalt von großer Bedeutung.

Das Jülicher Land ist geprägt durch die weiten, landwirtschaftlich genutzten Ebenen der Börde, die sich beiderseits der Rur erstrecken. Große Teile dieser Landschaft sind Altsiedlungsraum und waren bereits lange vor den keltischen Eburonen und den nachfolgenden Römern von steinzeitlichen Ackerbauern besiedelt.

Nur östlich der Rur befanden sich noch vor wenigen Jahrzehnten die einzigartigen, großen Bürgewälder, die dank eines Forstbanns aus fränkischer Zeit bis in die Moderne überdauerten, inzwischen aber den Braunkohletagebauen haben weichen müssen.

Der langen, wechselvollen ackerbaulichen Tradition großer Teile des Jülicher Landes entsprechen sehr charakteristische Lebensgemeinschaften. Unter den Pflanzen sind Ackerwildkräuter wie Klatschmohn oder Kornblume typisch; sie wanderten ebenso wie viele Tiere mit dem Ackerbau aus dem Mittelmeergebiet ein oder breiteten sich von Osten her aus den europäischen Steppengebieten bis an den Rhein und die Maas aus. Diese Lebensgemeinschaften passten sich im Laufe der Jahrtausende an die Abläufe im Acker vom Pflügen bis zur Ernte an.

Schon die Namen zahlreicher Tiere weisen auf ihre enge Verbundenheit mit dem Lebensraum Acker hin – vom Feldhasen und der Feldmaus über die Feldlerche und den Feldsperling bis zum Feldgrashüpfer, der zu den Feldheuschrecken zählt. Viele dieser ursprünglichen Steppenbewohner haben spezielle Anpassungen, die ihnen auch in den »Feld-Steppen« Westeuropas hilfreich sind. So ist der Winterschlaf der Feldhamster eine Anpassung an die eisigen Winter der Steppen; in der Börde hilft es ihm, die nahrungsarme Zeit nach der Ernte zu überdauern. Lange Ohren und gute Augen helfen dem Feldhasen ihm sich nähernde Feinde frühzeitig zu erkennen und ihnen mit rasender Flucht zu entkommen.

Der spezielle, unermüdliche Schwirrflug ermöglicht es der Feldlerche ihren Gesang, der dank Shakespeares »Romeo und Julia« Eingang in die Weltliteratur gefunden hat, auch ohne Sitzwarte weithin hörbar vorzutragen. Viele weitere Anpassungen ließen sich anfügen.

Manche der Feldtiere waren lange Zeit als »Niederwild« in der Küche gerne gesehen, wobei die berühmten, feinen gesalzenen Lerchenzungen in Monty Pythons Film »Das Leben des Brian« selbst scharf frittiert ein eher fragwürdiges kulinarisches Erlebnis (gewesen) sein dürften – sofern damit nicht die gleichnamige Grünkohlsorte gemeint ist. Feldhase, Rebhuhn und Co. wären vielleicht heute noch in aller Munde, wären ihre Bestände in den letzten Jahrzehnten nicht besorgniserregend zurückgegangen. Heute sind viele dieser einst häufigen Tierarten so selten geworden, dass sie guten Gewissens nicht mehr gejagt werden können. So sank der Bestand des Rebhuhns von 1980 bis 2010 europaweit dramatisch um etwa 95 Prozent, wobei gerade in den vergangenen vier Jahren ein weiterer Rückgang zu verzeichnen ist. Anderen Arten geht es kaum besser.

Bedroht ist die biologische Vielfalt der Feldlandschaften durch eine moderne Agrarwirtschaft, für die die Landschaft den Ansprüchen immer größerer Landmaschinen angepasst wird und in der unter Einsatz hocheffizienter Agrochemikalien immer weniger hoch gezüchtete Feldfruchtsorten angebaut werden. Die einstigen EU-Stilllegungsflächen, in denen viele Tierarten einen Rückzugsraum fanden, sind dem Energiepflanzenanbau gewichen. Gerade im Bereich der Jülicher Börde macht sich zudem der Flächenverbrauch durch Tagebaue, Straßen und Baugebiete deutlich auch bei den Tieren der Feldfluren bemerkbar. Vor diesem Hintergrund muss der Schutz dieser bedrohten Arten in der modernen Landschaft Priorität haben, wollen wir das Lied der Lerche auch in Zukunft noch hören.

Kartoffeln so weit das Auge reicht

Bärlauchpaste

Von Renate Xhonneux

100 g Bärlauchblätter	fein schneiden, mit
150 – 200 ml Oliven- oder Pflanzenöl	im Mixer zu einer steifen Paste mixen.
¼ TL Salz	und wenn nötig noch ein wenig Öl hinzugeben und nochmal gut durchmixen. Die Paste in sehr saubere Schraubgläser füllen. Mit soviel
Öl	auffüllen, dass die Paste mindestens 1 cm überdeckt ist. So hält sie sich im Kühlschrank etwa 1 Jahr, wenn die Ölschicht nach jeder Entnahme wieder aufgefüllt wird.

Für Pesto verrührt man eine kleine Menge der Paste mit Öl und mischt das mit Parmesan und Pinienkernen oder Mandeln.

Bärlauchbutter

Von Daniele Herber

250 g Butter	mit
125 g Margarine (streichfähig)	schaumig rühren.
½ TL Salz	
1 Msp. Pfeffer	
1 Msp. Chilipulver	zugeben.
15 g Bärlauch (ca. 50 Blättchen ohne Stiel)	waschen, klein schneiden und unter die Buttermasse rühren.

Da Bärlauch nur kurze Zeit verwendet werden kann, kann man die Butter auch gut portionsweise einfrieren und dann zum Grillen im Sommer verwenden.

Gast im Garten

Brennnesseleintopf

Von Karola Daniel

Etwa einen 5-Liter-Eimer voll Brennnesselspitzen	pflücken, mit kochendem Wasser übergießen und die Brennnesseln auf einem Sieb abtropfen lassen. Das zweimal wiederholen.
10 mittelgroße Kartoffeln	schälen, in grobe Stücke schneiden. Einen Kochtopf mit etwa
250 ml Wasser	füllen und
750 g Rippchen	darin etwa 30 Minuten kochen, dann Kartoffeln und Brennnesseln zugeben und weitere 30 bis 45 Minuten leise köcheln lassen. Das Fleisch danach herausnehmen.
250 ml Milch	erhitzen, zu Kartoffeln und Brennnesseln geben und alles durchstampfen. Mit
Salz, Pfeffer	
1 Würfel Gemüsebrühe	abschmecken und mit
50 g Butter	sowie
100 ml Sahne	verfeinern. Den Brennnessel-Kartoffel-Stampf mit den Rippchen anrichten und servieren.

Rote Taubnesseln sind wie alle Taubnesseln essbar und werden auch als Heilkräuter genutzt. Die jungen Blättchen im Salat, die Blüten als Dekoration dazu – lecker. Oder einfach aufs Butterbrot mit etwas Kräutersalz, die Blüten oben drauf und fertig ist der Gaumenschmaus.

Eiskristalle zeichnen einen filigranen Fächer in den Himmel.

Apfeltraum

Von Hannelore Hermanns

300 g Löffelbiskuits	in einer Schale auslegen.
7 EL Eierlikör	darüberträufeln.
500 g Quark	mit
250 g Mascarpone	und
75 g Zucker	verrühren.
150 ml Sahne	steifschlagen, unterheben und auf dem Biskuit verteilen.
400 g Apfelmus	darübergeben.

Vor dem Servieren mit Zimt oder Kakao bestreuen.

Kokosmousse

Von Karin Käufer

100 g Kokosraspel	mit
600 g Joghurt	
100 g Puderzucker	und dem Saft von
1 Limette oder Zitrone	vermischen.
8 Blatt Gelatine	nach Herstellerangabe auflösen, nach und nach 5 Esslöffel der Joghurtmasse unter die aufgelöste Gelatine geben. Dann die restliche Joghurtmasse untermischen und in den Kühlschrank stellen.
300 ml Sahne	steifschlagen und nach 30 Minuten vorsichtig unter die Creme heben. Die Mousse etwa 3 Stunden im Kühlschrank kühl stellen. Zum Anrichten mit 2 Löffeln Nocken ausstechen und zu
Mango, Papaya, Ananas oder Obstsalat	servieren.

»Bäume sind Gedichte,
die die Erde in den Himmel schreibt.«
(Khalil Gibran)

Arrakcreme

Von Regina Stolz

½ Vanillestange	in
160 ml Milch	auskochen. Die ausgekochte Vanillestange ausschaben und das Vanillemark in die Milch geben.
6 Blatt weiße Gelatine	einweichen und in der heißen Milch auflösen.
5 Eigelb	mit
125 g Zucker	10 Minuten mit dem Mixer schaumig rühren. Nun
75 ml Arrak (Rum aus Reis, Palmsaft und Zuckerrohr, 40%ig)	und die Milchmischung unterrühren. Wenn die Masse anfängt zu stocken,
500 ml Sahne	steifschlagen und unterheben. Dann in eine Schüssel geben und im Kühlschrank erkalten lassen. Vor dem Servieren mit
Sahnetupfer oder kleine Wäffelchen	dekorieren.

125

Anstatt 500 ml Sahne kann man auch 400 ml Sahne und das steifgeschlagene Eiweiß verwenden.

Seit 1880 werden in Jülich Zuckerrüben verarbeitet. Heute verarbeitet die Pfeifer & Langen GmbH & Co. 1,5 Millionen Tonnen Rüben jährlich. Die Zuckerfabrik Jülich ist die letzte bestehende Zuckerfabrik im Kreis Düren.

Crème Brûlée für (8 bis 10 Personen)

Zubereitungszeit
etwa 30 bis 35 Minuten.

500 ml Milch
500 ml Sahne
150 g Zucker
½ Vanillestange
4 Eier und
4 Eigelb kalt mixen oder verrühren, anschließend durch ein Sieb passieren. Die kalte Masse in eine große, feuerfeste Form oder in kleine Einzelförmchen abfüllen. Die Förmchen in ein Wasserbad stellen und bei 120 °C in den Backofen geben. Solange im Ofen lassen, bis die Masse gestockt ist (etwa 20 Minuten). Nach dem Abkühlen mit
Zucker (braun oder weiß) bestreuen und dann kurz vor dem Servieren im vorgeheizten Backofen unter den Grill stellen. Den Zucker dann abbrennen.

Wie eine rosa Wolke erscheinen die Blüten des Mandelbaums im Innenhof der Landwirtschaftsschule Düren.

Monschauer Berge

Von Trudi Schmitz-Schunken

100 g Baiser-Krönchen (Meringen)	in einer Tüte grob zerbröseln.
750 ml Sahne	mit
3 Pck. Vanillinzucker	und
3 Pck. Sahnesteif	steifschlagen und unter die Brösel heben.
100 g Mandelblättchen	und
50 g Zucker	in einer Pfanne karamellisieren und abkühlen lassen.
250 g gefrorene Beeren	5 Stunden vor dem Verzehr auf die Baisersahne geben und die Mandelblättchen darüberstreuen.

Eierlikörcreme

Von Anneliese Ohrem

250 g Mascarpone	mit
160 g Zucker	
160 ml Eierlikör	und
2 Pck. Vanillezucker	schaumig rühren.
1 l Sahne	mit
2 Pck. Sahnesteif	steifschlagen, unterheben und in eine Schüssel geben.
500 g gefrorene Früchte nach Geschmack	obenauf legen.

Die Creme sollte am Tag vorher angefertigt werden, sie muss durchziehen.

Früh übt sich …

Ludwig Gall

Von Karin Jansen

Das Ludwig-Gall-Haus in Aldenhoven zählt zu den ältesten Häusern Aldenhovens. Der älteste Teil des Hauses, die Peter-Pauls-Kapelle, wurde um 1430 errichtet. Bis 1790 wurde hier gelegentlich Gottesdienst gehalten. 1793 benutzten die Franzosen das Haus als Militärlager, 1816 richteten die Preußen ein Schöffengericht ein; 1823 wurde es zum Friedensgericht umgebaut, die Fassade erhielt ihr jetziges Aussehen. Aus dieser Zeit stammt auch eine Steininschrift in Latein, die übersetzt lautet: »Als Gerichtshof durch die Gnade des Königs und durch die Mithilfe der Bürger wiedererrichtet.« Bis 1892 befand sich in diesem Haus das Bürgermeisteramt Aldenhoven. Von 1933 bis 1961 war es Sitz der Amtsverwaltung Aldenhoven. Seit 1984 heißt es »Ludwig-Gall-Haus« und beherbergt Versammlungsräume für Vereine und Unterrichtsräume für die Volkshochschule. Der 1791 in Aldenhoven geborene Ludwig Gall ist als Sozialreformer bekannt. Er kümmerte sich um die »kleinen Leute«, die durch das aufkommende Maschinenzeitalter in große Not geraten waren.

Das Ludwig-Gall-Haus in Aldenhoven

Im Römerpark, der grünen Lunge Aldenhovens

Erdbeer-Tiramisu

Von Maria Schäkel

200 g Cantuccini (ital. Mandelgebäck)	in eine Auflaufform geben, das Gebäck dazu in Stücke brechen.
500 g Erdbeeren	waschen, Stielansatz entfernen, einige Früchte zum Garnieren zurückbehalten. Die restlichen Früchte pürieren und über den Cantuccini verteilen.
200 g Mascarpone	mit
250 g Quark (20 % Fett)	mischen.
1 Spritzer Zitronensaft	dazugeben,
etwa 60 g Zucker	unterrühren.
200 ml Sahne	steifschlagen und
1 Pck. Vanillinzucker	dazugeben. Die Sahne unter die Mascarpone-Quark-Creme heben. Die Creme auf der Cantuccini-Erdbeer-Masse verteilen und im Kühlschrank einige Stunden (mindestens 4) durchziehen lassen. Mit den restlichen Früchten garnieren.

Lässt sich auch mit Himbeeren herstellen. Kann auch gut mit TK-Früchten, die aufgetaut werden, zubereitet werden.

Beim jährlichen Kunsthandwerkerinnenmarkt Mitte Juni in Jülich verkaufen die LandFrauen nicht nur die selbst gemachte Erdbeermarmelade, sondern auch frische Erdbeeren finden reißenden Absatz. 2013 waren es 850 Kilo!

Fleißige Hände dekorieren über 300 Gläser Erdbeermarmelade für den Verkauf beim Kunsthandwerkerinnenmarkt in Jülich.

Ananascreme

Von Angelika Eller

1 Dose Ananas in Scheiben (à 840 g)	Ananas abtropfen lassen, in kleine Stücke schneiden. Den Saft auffangen und in einem Topf mit
2 EL Zucker	und
1 Pck. Vanillepuddingpulver	laut Anleitung zu einem Pudding kochen. Die Ananas zugeben, umrühren und abkühlen lassen.
250 ml Sahne	mit
1 Pck. Vanillinzucker	steifschlagen und unter die abgekühlte Ananasmasse geben. Kurz gut mit dem Mixer durchschlagen und kalt stellen.

Heidelbeer-Schicht-Dessert (für 8 Personen)

Von Elli Freialdenhoven

250 ml Sahne	mit
1 Pck. Vanillinzucker	steifschlagen.
Je 250 g Mascarpone, Quark	mit
150 g Joghurt	und
100 g Zucker	mischen, glatt rühren und unter die Sahne heben.
200 g Heidelbeeren (frisch oder TK)	Die Hälfte der Beeren in eine große Schale geben oder auf Gläser verteilen. Die Hälfte der Sahnecreme darübergeben.
225 g Schokoladenplätzchen	zerbröseln und die Hälfte auf die Sahnecreme verteilen. Die drei Schichten noch einmal wiederholen.

Blau gekennzeichnetes Geschirr für »milchige« Speisen in der koscheren Küche

Schmandpudding

Von Kathi Lürken

500 g Schmand	mit
7 EL Gelierzucker (1:1)	und dem Saft von
1 Zitrone	cremig aufschlagen.
500 ml Sahne	und
1 Pck. Vanillinzucker	steifschlagen.
12 Blatt Gelatine	auflösen und unter die Sahne rühren. Sahne unter den Schmand heben und fest werden lassen.
250 g Rote Grütze	auf die Creme streichen.

Der Langerweher Bahnhof an der Bahnstrecke Köln – Aachen ist Haltepunkt für Nah- und Fernverkehr. Ob nach Aachen, Lüttich und Heerlen, nach Köln oder Düsseldorf, oder durchgehend bis nach Paderborn oder Siegen – in kurzen Zeittakten können Reisende hier starten.

Im Zentrum des Wallgevierts der Zitadelle erhebt sich das ehemalige Residenzschloss. Aus der Ostfassade tritt als architektonischer Höhepunkt die Schlosskapelle heraus. Sie zeigt Bauschmuck der italienischen Hochrenaissance, der auf den Architekten Alessandro Pasqualini zurückgeht.

Welfenspeise

1 Vanillestange	Das Mark auskratzen und mit der Vanillestange in
500 ml Milch	geben und mit
2 EL Zucker	aufkochen. Dann
1 geh. EL Stärkemehl	mit
3 EL Milch	verquirlen und in die kochende Milch einrühren. Erneut aufkochen, die Vanillestange herausnehmen.
2 Eiweiß	mit
1 Prise Salz	steifschlagen und unter die Creme ziehen. Portionsweise anrichten und abkühlen lassen. Für den Weinschaum
2 Eigelb	mit
4 EL Zucker	verrühren. Den Saft von
1 Zitrone	
250 ml Weißwein	und
4 TL Stärkemehl	dazugeben. Im heißen Wasserbad zu einer dicken Soße aufschlagen. Den Weinschaum auf die erkaltete Milchcreme geben und kühl stellen.

Juchhu, wir grüßen Euch!

Ein paar Sonnentage braucht er noch, der Wein.

Printenmousse (für 6 Personen)

750 ml Milch	mit
100 g Marzipanrohmasse	
100 g Gewürz- bzw. Kräuterprinten (zerkleinert)	und
½ TL Zimt	aufkochen.
1 Pck. Vanillepuddingpulver	unterrühren. Die gesamte Masse kalt rühren, so dass keine Haut entsteht. Am nächsten Tag
300 ml Sahne	mit
2 EL Zucker	steifschlagen und mit dem Mixer unter die Masse rühren.

Moccacreme

Von Inge Macherey

3 Eigelb	mit
75 g Zucker	schaumig schlagen.
250 ml starker Kaffee	kochen und
100 g Bitterschokolade	darin schmelzen, etwas erkalten lassen. Die Mischung danach unter die Eigelb-Zucker-Masse rühren.
4 Blatt Gelatine	10 Minuten in kaltem Wasser einweichen, ausdrücken und in einem kleinen Topf bei schwacher Hitze unter ständigem Rühren auflösen. Unter die Masse ziehen und erkalten lassen. Dann
250 ml Sahne	mit
1 Pck. Vanillezucker	steifschlagen und unter die Masse heben.

Niederzierer Bäuerin beim Spülen der Milchkannen 1965

Die Mitte des Kreises

Von der Pressestelle der Stadt Düren

Düren blickt stolz auf eine lange Geschichte zurück und gestaltet selbstbewusst die Gegenwart, damit auch die Zukunft hier lebenswert bleibt. Ein beeindruckendes Beispiel dafür ist das Leopold-Hoesch-Museum, 1905 erbaut, im Zweiten Weltkrieg zerstört, danach wieder aufgebaut und jetzt mit einem modernen Anbau komplettiert, der die Ausstellungsfläche verdoppelt. Dass Düren sich zu einem harmonischen Miteinander von Geschichte und Gegenwart bekennt, beweist gerade dieser neue Erweiterungsbau des Leopold-Hoesch-Museums. Auf die Förderung junger Künstler wird durch Stiftungen und Stipendien besonderer Wert gelegt.
Gerade weil die Stadt im Zweiten Weltkrieg zu 97 Prozent zerstört wurde, haben die Bürgerinnen und Bürger ein ausgeprägtes Geschichtsbewusstsein. Düren, das seinen Aufschwung im 19. Jahrhundert vor allen Dingen der Papierindustrie verdankte (was im städtischen Papiermuseum dokumentiert wird) erhielt beim Wiederaufbau das typische architektonische Gesicht der 1950er Jahre. Einige der Bauten aus dieser Zeit, wie das Rathaus im Herzen der Stadt, stehen deshalb heute unter Denkmalschutz.

Die Annakirmes ist mit über 150 Geschäften entlang der Budenfront von 2,5 Kilometern eines der größten Volksfeste nicht nur der Dürener Region. Die Kirmes lockt jährlich rund 800 000 Besucher an.

Lebendig geht es in Düren zu, einer Kreisstadt mit über 40 Schulen, vielen Jugendfreizeitangeboten, abwechslungsreichen Einkaufsmöglichkeiten und breit gefächertem kulturellen Angebot. Es umfasst Theater- und Musikereignisse im Haus der Stadt, Lesungen, Ausstellungen und Leseförderaktionen in der Stadtbücherei, Workshops für Jung und Alt in den Museen, Kleinkunst und Kindertheater im Kulturzentrum KOMM in einer ehemaligen Mühle sowie Ausstellungen, Konzerte und Lesungen auf Schloss Burgau. Das Engagement der Bürgerinnen und Bürger trägt viel dazu bei, dass die Stadt an der Rur lebendig bleibt. So ist den Bürgern zum Beispiel der Wiederaufbau von Schloss Burgau zu verdanken oder auch die Einrichtung eines Stadtmuseums im Jahr 2009. Zahlreiche Fördervereine unterstützen die Abteilungen des städtischen Kulturbetriebes.
Offen ist die Stadt also für neue Ideen, aber auch für neue Mitbürger und neue Wege des Miteinanders. Menschen aus über 120 Nationen leben hier friedlich zusammen, feiern gemeinsam Straßenfeste, begegnen sich in Vereinen und Stadtteil-Treffs. Zur berühmten Annakirmes strömen alljährlich Hunderttausende in die gastfreundliche Stadt. Karneval, Jazztage und Historischer Annamarkt sind weitere Publikumsmagnete.
Ein gut ausgebautes Verkehrsnetz verbindet die Stadt mit Aachen und der Euregio, Köln und dem Nationalpark Nordeifel. Überdies laden 130 Kilometer Radwege dazu ein, Düren zu »erfahren«.
Mittendrin verlaufen als grüne Lungen der Stadt Burgauer Wald und Ruraue, durchzogen von Rad- und Wanderwegen. Düren, in der Mitte zwischen Köln und Aachen gelegen, lädt mit Parkanlagen zur Entspannung ein. Feste werden mitten in der Stadt, aber auch in den dörflich geprägten Stadtteilen ringsum gefeiert. Der Wochenmarkt ist dreimal wöchentlich in der City eine beliebte Möglichkeit zu Einkauf und Begegnungen. Ein großes Einkaufsangebot, Behörden, Schulen und Wohnungen sind in der Stadtmitte zu finden.

Der Turm der Annakirche ist ein weithin sichtbares Wahrzeichen der Stadt Düren. Die Kirche wurde nach dem Entwurf des Kölner Architekten Rudolf Schwarz von 1954 bis 1956 an Stelle des 1944 völlig zerstörten gotischen Gotteshauses errichtet. Mittelpunkt der Pilgerhalle ist der Reliquienschrein aus dem 15./16. Jahrhundert, der die Annabüste enthält.

Himbeercreme

Von Josefa Mürkens

250 g Quark (40 % Fett)	
150 g Puderzucker	
1 Pck. Vanillezucker	
Mark von 1 Vanilleschote	und
2 Eigelb	mit dem Mixer aufschlagen. Dann
500 ml Sahne	mit
1 Pck. Sahnesteif	steifschlagen und unter die Quarkmasse heben. Jetzt die Quark-Sahne-Masse abwechselnd mit
250 g gefrorene Himbeeren	in eine Schüssel geben. Mit der Quark-Sahne-Masse beginnen.

Mascarpone-Erdbeer-Creme

Von Trudi Nelles

250 g Mascarpone	
150 g saure Sahne	
5 EL Zucker	und
4 EL Zitronensaft	in einer Rührschüssel mit dem Mixer gut verrühren.
200 ml Sahne	steifschlagen und unter die Mascarpone-Masse heben. In eine flache Schüssel füllen und im Kühlschrank kalt stellen.
300 g TK-Erdbeeren	auftauen, eventuell etwas Flüssigkeit abgießen, mit
2 EL Zucker	pürieren und über die Mascarpone-Masse streichen.

Endlich Erdbeerzeit!

Herrencreme

Von Trudi Nelles

1 l Milch	mit
70 g Speisestärke	
2 Pck. Vanillezucker	und
150 g Zucker	in einen Topf geben und verrühren.
4 Eier	hinzufügen, auf den Herd stellen und unter Rühren aufkochen. Kurz vor dem Aufkochen nicht mehr am Topfboden rühren, sonst rührt man das Angesetzte mit in den Pudding.
4 EL Rum (80%ig)	dazugeben. Alles zum Erkalten in eine Schüssel füllen. Mit einer Klarsichtfolie abdecken, damit keine Haut entsteht. Nach dem Erkalten
100 g Halbbitter-Schokolade	raspeln, grobe Stücke in den Pudding geben. Feine Stücke für später zur Dekoration aufbewahren.
400 – 600 ml Sahne	mit
2 – 3 Pck. Vanillezucker	steifschlagen, vorsichtig unter den Pudding heben. Einen Rest Sahne aufbewahren und auf dem Pudding verteilen (wie Wolken). Feine Schokolade darüberstreuen.

In der Nordeifel tobte von November 1944 bis Februar 1945 die Schlacht im Hürtgenwald, bei der über 20 000 Kriegstote zu beklagen waren. 5345 von ihnen ruhen auf den Ehrenfriedhöfen Hürtgen und Vossenack. »Wer an Europa verzweifelt, der sollte Soldatenfriedhöfe besuchen.« (Jean-Claude Juncker)

Die Pilgerfigur des Jakobus steht am Kreuzungspunkt zweier uralter Pilgerwege an der Hauptstraße in Langerwehe. Hier zweigt der Jakobsweg von Köln über Golzheim kommend nach Wenau (und weiter nach Kornelimünster) vom Weg von Köln zur Aachener Heiligtumsfahrt ab. Die Langerweher Töpfer produzierten Pilgerhörner und Trinkflaschen für die Pilger.

Wenn nicht anders vermerkt, beträgt der Durchmesser der Springformen 26 cm.

Obst auf Knusperboden

Von Angela Frings

Knusperboden

100 g Butter	
100 g Zucker	
100 g Haferflocken	
100 g gehackte Haselnüsse	
1 Msp. Backpulver	und
1 EL Kakaopulver	zu einem festen Teig verarbeiten und gut durchkneten. Den Teig mit den Händen in eine mit Backpapier ausgelegte Springform (Ø 28 cm) drücken und den Boden 20 Minuten bei 180 °C backen. Anschließend herausnehmen und auskühlen lassen.

Füllung

200 g Frischkäse	mit
1 Tasse (à 150 ml) Puderzucker	und
1 Pck. Vanillezucker	verrühren.
200 ml Sahne	steifschlagen, unter die Käsemasse heben und diese auf dem Knusperboden verteilen.
500 g Erdbeeren oder gemischtes Obst	waschen, putzen und halbieren, leicht zuckern und auf die Käsemasse geben.
150 ml Apfelsaft	mit
2 Pck. Tortenguss (klar)	nach Packungsvorschrift andicken und über die Erdbeeren bzw. das Obst geben.

Der Steinkauz war das heilige Tier der Athene, der griechischen Göttin der Weisheit. Bei uns war er der Totenvogel, der nachts rief, wenn hinter beleuchteten Fenstern Nachtwache bei Kranken gehalten wurde. Die kleine Eule nistet in Baumhöhlen und alten Häusern. Durch den Wegfall vieler Streuobstwiesen und die Sanierung alter Bausubstanz sind die 220 Brutpaare im Kreis Düren extrem gefährdet.

Stachelbeer-Baiser

125 g Butter	schaumig rühren.
4 Eigelb	mit
125 g Zucker	darunterrühren, dann
150 g Mehl	
2 TL Backpulver	und
4 EL Milch	unterheben. 2 Springformen mit Backpapier auslegen und den Rührteig darin verteilen.
4 Eiweiß	mit
200 g Zucker	steifschlagen und auf beide Böden verteilen, mit
100 g Mandelblättchen	bestreuen und etwa 25 Minuten bei 180 °C Ober-/Unterhitze beide Böden backen.
1 Glas Stachelbeeren (à 720 g)	und
1 Pck. Tortenguss (klar)	erhitzen und auf dem ersten Boden verteilen.
500 ml Sahne	und
1 Pck. Sahnesteif	steifschlagen. Mit dem Spritzbeutel einen Rand spritzen und den Rest in der Mitte verstreichen. Den zweiten Boden auf die Sahne setzen.

Anstatt der Stachelbeeren kann man auch Sauerkirschen oder Pfirsiche nehmen. Sehr erfrischend ist der Kuchen, wenn man den Saft von 2 Zitronen mit Wasser auf 250 ml auffüllt und mit 1 Pck. Vanillepuddingpulver einen Pudding herstellt. Diesen nach dem Erkalten unter die geschlagene Sahne heben und dann zwischen den Böden verteilen.

Der Hexenturm, auch Rurtor genannt, ist das Wahrzeichen der Stadt Jülich.
Es ist das einzig erhaltene Stadttor der Stadtmauer aus dem frühen 14. Jahrhundert.

Festliche Sahne-Quark-Torte

Von Maria Schäkel

Rührteig

150 g Butter	in eine Rührschüssel geben, mit
50 g Zucker	verrühren.
2 Eier	trennen, das Eigelb zum Butter-Zucker-Gemisch geben und unterrühren, das Eiweiß anderweitig verwenden.
1 Pck. Vanillinzucker	
1 Prise Salz	dazurühren.
150 g Mehl	und
½ TL Backpulver	ebenfalls unterrühren. Einen Springformboden mit Backtrennpapier auslegen, die Hälfte des Teiges daraufstreichen und bei 180 °C (Umluft) etwa 25 Minuten im Backofen backen. Danach mit der anderen Teighälfte genauso verfahren. Die Teigböden vorsichtig vom Backpapier lösen und zum Abkühlen auf ein Backgitter geben. Einen Teigboden direkt in 12 gleich große Stücke teilen. Den zweiten Teigboden auf eine Kuchenplatte geben und mit einem Backring versehen.

Der Dorfplatz mitten in Niederzier ist eine Augenweide.

Quarkcreme

6 Blatt Gelatine	in eine Schüssel geben, mit Wasser übergießen und quellen lassen. Dann das Wasser abgießen und die Gelatineblätter vorsichtig im Topf bei milder Hitze auflösen, an die Seite stellen.
750 g Magerquark	mit
100 g Zucker	und dem Saft von
½ Zitrone	verrühren. Zunächst einen Esslöffel der Quarkcreme in die aufgelöste Gelatine (Temperaturausgleich) geben, dann die ganze Gelatine vorsichtig unter die Quarkcreme rühren.
200 ml Sahne	steifschlagen, dabei mit
1 Pck. Vanillinzucker	süßen. Die geschlagene Sahne vorsichtig unter die Quarkcreme heben.
1 kleine Dose Mandarinen (à 340 g)	abtropfen lassen. 12 Mandarinen zum Garnieren zurücklegen, restliche Mandarinen unter die Quarkcreme heben. Quarkcreme im Kühlschrank etwas fest werden lassen. Die Quarkmasse nun auf den Tortenboden mit dem Backring geben, glatt streichen und die Stücke des zweiten Kuchenbodens vorsichtig darauflegen. Torte abdecken und mehrere Stunden in den Kühlschrank stellen. Vor dem Servieren mit
Puderzucker	bestreuen und mit den Mandarinenstücken garnieren.

Falls Sie zwei gleich große Springformböden haben, können Sie die Teigböden auch gleichzeitig backen.

Die römische Fernstraße »Via Belgica« verband einst die Provinzhauptstadt Köln mit der Atlantikküste. Am Fuße der Sophienhöhe bei Jülich-Stetternich erinnern Entfernungszeiger aus verschiedenen Zeiten an die 2000-jährige Geschichte der Straße. Eines der Dokumentationszentren des Erlebnisraumes Römerstraße »Via Belgica« befindet sich im Museum Zitadelle Jülich.

Eistorte

Von Christel Mürkens

300 g Baiser	in einen Gefrierbeutel füllen und mit einem Nudelholz zerkleinern, in eine große Schüssel geben.
200 g Bitterschokolade	hacken und zum Baiser geben.
1 l Sahne	mit
4 Pck. Sahnesteif	
2 Pck. Vanillezucker	steifschlagen.
150 g Krokant	unterziehen und unter die Baisermasse heben. Eine Springform mit Backpapier auslegen, die Masse einfüllen und 24 Stunden in den Gefrierschrank stellen.
125 ml Sahne	
1 Pck. Vanillezucker	und
1 Pck. Sahnesteif	steifschlagen und Tupfen als Verzierung auf den gefrorenen Kuchen geben, eventuell noch
Schokoblätter	dazugeben.

Zahlreiche schriftliche Zeugnisse des uralten Weinbaus in und um Embken weisen auf dessen ehemals große Bedeutung hin. Der Weinbau ist heute ganz verschwunden. Gegenüber der Embkener Pfarrkirche liegt eine ehemalige Weinkellerei. Die vierzeilige Inschrift über dem Kellereingang beginnt mit den Worten: »Als man schrieb 1643«.

Seit 2012 gibt es das Dorflädchen in Embken für die Dinge des täglichen Bedarfs.

Himmelstorte

Von Angelika Eller

450 g Butter oder Margarine	mit
400 g Zucker	schaumig rühren. Nach und nach
4 Eigelb	unterrühren, dann
450 g Mehl	unterrühren bis ein geschmeidiger Teig entsteht. Der Teig muss für 5 bis 8 Böden reichen.
4 Eiweiß	steifschlagen,
1 TL Zimt	und den Saft von
1 Zitrone	
1 Pck. Vanillezucker	und
100 g Zucker	unterheben und nochmals gut schlagen.
400 g gehobelte Mandeln	unter die Eischneemasse heben. Den Teig nun in 5 bis 8 Portionen teilen. Je 1 Portion auf eine mit Pergamentpapier ausgelegte Springform streichen, die Eischneemasse gleichmäßig darauf verteilen, so dass sie für alle Böden reicht. Nun nacheinander 5 bis 8 Böden backen (bei 200 °C etwa 15 Minuten). Vom Blech nehmen und erkalten lassen.
750 ml Sahne	mit
3 Pck. Vanillezucker	steifschlagen, die Böden mit der Sahne zusammensetzen und einfrieren. 2 Stunden vor dem Servieren aus dem Gefrierschrank nehmen.

Sommer am Lucherberg See

Wenn der Frühling kommt, dann schenk ich dir – Tulpen aus Amsterdam …

Die Spieler-Mühle

Von Helmut Lieven

Die Spieler Mühle steht heute im Freilichtmuseum Kommern.

Die Spieler Windmühle ist eine sogenannte Bockwindmühle. Bei diesem Mühlentyp steht das Mühlengebäude auf einem Holzgerüst, dem Bock, auf dem das ganze Gebäude gegen den Wind gedreht werden kann. Damit die Flügel genügend Wind einfangen konnten, stand die Mühle in freier Lage zwischen Titz, Ameln, Spiel und Hasselsweiler. Sie war die älteste ihrer Art im ehemaligen Regierungsbezirk Aachen. Auf einem Rad trug sie die Jahreszahl 1607, doch wurde eine Jahreszahl noch früheren Datums durch einen Umbau zugedeckt. In der Mühle wurde ausschließlich Getreide verarbeitet: Hafer wurde gequetscht als Futter für die Pferde, Roggen wurde zu Schrot und Weizen zu Mehl gemahlen als Brotgetreide für die Menschen.

Ursprünglicher Besitzer war der Bischof von Köln, dann ging sie an die Stadt Jülich. Im 18. Jahrhundert wurde sie kurfürstliche Zwangsmühle. Später fiel sie an das Rittergut Meerhof bei Ameln. In der französischen Zeit gehörte sie den Familien Isencroidt und Wolff, danach ging der Besitz an einen Müller Claessen über. Im Jahre 1800 war eine Familie Winkels Besitzer. Dann wurde der Jülicher Klein Eigentümer und der dann folgende Pächter hieß Breuer. Letzter Besitzer der Mühle war Heinrich Lieven, der Vater des bekannten Politikers Wilhelm Lieven, der noch eine Lehre als Müller absolvierte und den Beruf bis 1959 ausgeübt hat. 1959 wurde die Spieler-Mühle an das Freilichtmuseum Kommern des Landschaftsverbandes Rheinland verkauft und dort als eines der ersten Bauwerke originalgetreu durch den Mühlenbaumeister Herbert Laasch aus Sudwalde wieder aufgebaut.

Im Freilichtmuseum haben sich die Verantwortlichen immer wieder neue Ideen für die Spieler Mühle überlegt. So wurde die Flügelbespannung vor einigen Jahren erneuert, um die Mühle für Aktionen, zum Beispiel den jährlichen Mühlentag, in Betrieb zu nehmen. Es lohnt auf jeden Fall, das Freilichtmuseum in Kommern zu besuchen.

Abbruch der Spieler Mühle 1959 mit Heinrich Lieven

Sahne-Reis-Torte

Von Angelika Eller

1 Ei	mit dem Mixer verquirlen und
1 EL heißes Wasser	unter Rühren zugeben.
50 g Zucker	mit
1 Pck. Vanillezucker	zugeben und weiterschlagen.
50 g Mehl	
½ TL Backpulver	unterheben. Den Teig in eine mit Backpapier ausgelegte Springform (Ø 28 cm) füllen und im Backofen bei 180 °C (Umluft) 15 Minuten backen.
250 g Milchreis	mit
750 ml Milch	in der Mikrowelle bei 600 Watt 12 Minuten (bei 90 Watt 30 Minuten) garen, alternativ auf dem Herd in einem Topf Milchreis zubereiten,
3 EL Zucker	unterrühren und erkalten lassen.
1 l Sahne	mit
3 EL Puderzucker	
2 Pck. Vanillezucker	steifschlagen, den erkalteten Milchreis unterrühren.
8 Blatt Gelatine	aufweichen, auflösen und unter Rühren in die Masse geben. Den Biskuitboden in eine Springform legen, die Masse darauf verteilen und kühl stellen.
1 Glas Waldheidelbeeren (à 720 g)	Davon 6 Esslöffel Saft abnehmen. Den Rest mit
3 EL Zucker	aufkochen.
4 EL Stärkemehl	in dem abgenommenen Saft auflösen und in die kochende Masse rühren, das Ganze binden, etwas abkühlen lassen und auf die Reissahne geben, kalt stellen. Nach dem Erkalten servieren.

Kann auch gut am Tag vorher zubereitet werden.

Mitten im Nationalpark Eifel nahe Heimbach ist die Abtei Mariawald seit über 500 Jahren ein Ort der Stille und der geistigen Einkehr. Es ist das einzige Kloster in Deutschland, in dem Trappisten, ein Reformzweig der Zisterzienser, leben und arbeiten. Die Klostergaststätte sorgt für das leibliche Wohl der Pilger, Besucher und Wanderer. Berühmt sind die Erbsensuppe und der Klosterlikör.

Linzertorte

Von Gertrud Trostorf

200 g Butter	
125 g Zucker	
1 Pck. Vanillezucker	
4 Eigelb	
1 EL Rum	und die abgeriebene Schale von
1 Zitrone	miteinander verrühren.
320 g Mehl	und
1 TL Backpulver	sowie
125 g Mandeln	mischen, dazugeben und gut unterkneten. Den Teig 30 Minuten kühl stellen. Zwei Drittel des Teiges ausrollen, den Boden einer gefetteten Springform damit auslegen und mit
Pflaumen, Aprikosen oder eine fruchtige Marmelade	bestreichen. Aus dem übrigen Teig Streifen ausrädeln oder -schneiden und als Gitter auf das Obst legen. Mit
1 Eigelb	bestreichen und die Torte bei 180 °C im vorgeheizten Backofen goldgelb backen.

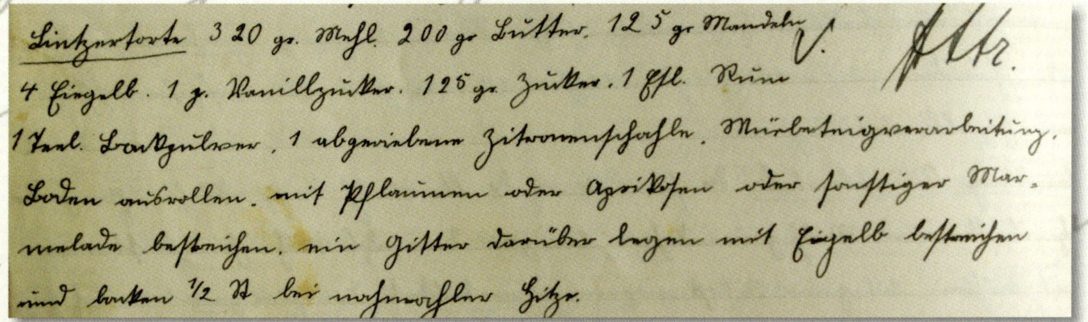

Linzertorte 320 gr. Mehl. 200 gr Butter. 125 gr Mandeln
4 Eigelb. 1 P. Vanillzucker. 125 gr Zucker. 1 Eßl. Rum
1 Pak. Backpulver, 1 abgeriebene Zitronenschale. Mürbeteigverarbeitung.
Boden ausrollen. mit Pflaumen oder Aprikosen oder fruchtiger Mar-
melade bestreichen. ein Gitter darüber legen mit Eigelb bestreichen
und backen 1/2 St bei [illegible] Hitze.

Das Original Rezept der Linzer Torte in Sütterlin geschrieben – aus Omas altem Rezeptbuch

Aus einem alten Kochbuch

Mandarinen-Schmand-Torte

75 g Butter oder Margarine	in Würfeln in eine Schüssel geben, mit
150 g Mehl	
1 TL Backpulver	
75 g Zucker	und
1 Ei	verkneten. Den Teig mit bemehlten Händen in eine Springform drücken. Dabei etwa 3 cm Rand hochziehen. Den Teigboden mit einer Gabel mehrmals einstechen. Etwa 30 Minuten kühl stellen. Für den Belag
3 Dosen Mandarin-Orangen (à 314 g)	abtropfen lassen, den Saft auffangen.
375 ml Milch	mit
200 g Zucker	aufkochen.
2 Pck. Vanillepuddingpulver	mit
125 ml Milch	glatt rühren und in die kochende Milch einrühren, aufkochen lassen.
600 g Schmand	unterrühren, sofort in die Springform geben und glatt streichen. Die Mandarinen darauf verteilen. Den Kuchen nun im vorgeheizten Backofen bei 175 °C etwa 75 Minuten backen. In der Form auskühlen lassen.
125 ml Mandarinensaft	mit
1 Pck. Tortenguss (rot)	vermischen und unter Rühren aufkochen lassen. Über die Mandarinen verteilen. Mit
30 g Mandelblättchen	bestreuen.

Wäre das herrlich, wenn mehr Straßenränder im Sommer so leuchten würden!

In einer lichtdurchfluteten umgebauten Getreidemühle in Linnich befindet sich das landesweit einzigartige Deutsche Glasmalerei-Museum. Die moderne Glasmalerei steht im Mittelpunkt. Führungen, Workshops und Museumsfrühstücke oder Kaffeetafeln sind buchbar.

Prinzregententorte

Von Huberta Schmitz

250 g Butter	mit
250 g Zucker	und
1 Pck. Vanillinzucker	schaumig rühren.
4 Eier	nach und nach unterrühren, dann mit
1 Msp. Salz	verrühren und
125 g Mehl	mit
125 g Speisestärke	und
3 g Backpulver	unterheben. 2 Esslöffel des Rührteiges auf einen gefetteten Springformboden streichen (darauf achten, dass die Teigmasse am Rand nicht zu dünn ist, damit der Boden dort nicht zu dunkel wird). 8 Böden hellbraun bei 175 bis 200 °C Ober-/Unterhitze backen, sofort vom Boden lösen und auf einem Kuchenrost erkalten lassen.
250 ml Milch	mit
100 g Zucker	
10 g Kakao	und
1 Pck. Schokoladenpuddingpulver	aufkochen und abkühlen lassen.
50 g Kokosfett	und
250 g Butter	schaumig rühren, den erkalteten Pudding esslöffelweise daruntergeben, dann die einzelnen Böden mit der Creme bestreichen und zu einer Torte zusammensetzen. Die oberste Schicht muss aus einem Boden bestehen.
100 g Schokolade mit etwas Kokosfett	im Wasserbad zu einer geschmeidigen Masse verrühren und die Torte damit überziehen.

»So viele Fenster als Tage, so viele Zimmer als Wochen, so viele Türme als Monate im Jahr« habe Schloss Merode vor dem Zweiten Weltkrieg gehabt, so sagt man. Schloss Merode ist noch heute im Besitz der Grafen von Merode.

Mohn-Marzipan-Torte

5 Eigelb	mit
5 EL heißes Wasser	und
175 g Zucker	schaumig rühren.
200 g Mehl	mit
1 TL Backpulver	sowie
250 g Mohnmasse (küchenfertig)	unterrühren.
5 Eiweiß	steifschlagen und unterheben. Den Teig in eine gefettete Springform füllen. Bei 180 bis 200 °C etwa 40 Minuten backen. Den erkalteten Kuchen zweimal durchschneiden. Den unteren Boden mit
50 g Johannisbeergelee	bestreichen.
750 ml Sahne	mit
50 g Zucker	und
3 Pck. Sahnesteif	steifschlagen. Die geschlagene Sahne auf beide Böden streichen. Den Kuchen ringsherum mit Sahne bestreichen.
400 g Marzipanrohmasse	mit
50 g Puderzucker	ausrollen, so groß, dass die Marzipanschicht den ganzen Kuchen bedeckt (Marzipan am besten auf einer Silikonunterlage ausrollen. Es klebt nur wenig und lässt sich mit der Unterlage über den Kuchen stülpen). Den überstehenden Rand abschneiden. Den Kuchen mit
100 g Nougatcreme	verzieren (Stücke andeuten).

Mohnfeld in Merken

Saure-Sahne-Torte nach Großmutters Art

Von Ruth Mugele

Wird 3 Tage vor Verzehr zubereitet.

500 g Mehl	
1 TL Backpulver	
250 g Zucker	
1 Pck. Vanillezucker	
250 g Butter oder Margarine	
1 Msp. Salz	
2 Eier	und die abgeriebene Schale von
½ Zitrone	zu einem Mürbeteig verarbeiten. Den Teig zu einer Rolle formen, kalt stellen. 4 gleich große Scheiben aus dem Teig schneiden. Drei davon einzeln ausrollen, auf gefettetem Springformboden einzeln bei 200 °C jeweils etwa 20 bis 25 Minuten backen.
1 Eiweiß	mit
1 EL Zucker	steifschlagen,
45 g Mandelblättchen	unterheben. Die vierte Teigscheibe ausrollen, in eine gefettete Springform geben und die Eischnee-Mandel-Mischung daraufstreichen. Ebenfalls backen.
400 g saure Sahne	luftig aufschlagen,
100 g Zucker	
2 Pck. Vanillezucker	und den Saft sowie die abgeriebene Schale von
1 Zitrone	dazugeben und unterschlagen.
6 Blatt Gelatine	auflösen, etwas abgekühlt unter die Masse schlagen. Nun noch
250 ml Sahne	steifschlagen und unterheben, sobald die Masse anfängt zu gelieren. Die Masse gut steif werden lassen. Drei Böden damit bestreichen, aufeinandersetzen, zum Schluss den Mandelboden aufsetzen. Drei Tage kühl stellen, danach anschneiden.

Die alte Schlagkarre hat noch nicht ausgedient.

Schokoladensahnetorte

Von Ria Kokerols

4 Eigelb	mit
90 g Zucker	und
1 Pck. Vanillezucker	gut schaumig rühren.
4 Eiweiß	mit
3 – 4 EL Wasser	zu Schnee schlagen und
90 g Zucker	langsam zugeben. Eiweiß ganz steifschlagen, dann auf die Eigelbmasse geben und mit einem Rührlöffel unterheben.
150 g Mehl	
100 g Speisestärke	und
3 gestr. TL Backpulver	mischen und in die Eimasse sieben, mit dem Rührlöffel vorsichtig unterziehen. Den Teig in eine gefettete Springform geben und auf der mittleren Schiene bei 180 °C Ober-/Unterhitze 25 bis 30 Minuten backen. Nach dem Erkalten noch etwa 5 Stunden ruhen lassen, damit er sich besser in Schichten zerschneiden lässt. Den Boden dann zweimal durchschneiden.
150 g Vollmilch-Schokolade	und
150 g Nougat-Schokolade	in
1 l Sahne	auflösen und aufkochen, dann (wichtig!) 24 Stunden in den Kühlschrank stellen. Die Schoko-Sahne-Mischung danach mit
4 Pck. Sahnesteif	steifschlagen. Die Hälfte der Sahnemasse auf die Böden verteilen, zusammensetzen und den Kuchen mit der restlichen Sahnemasse bestreichen und mit
Schokoraspel	verzieren.

Winter an der Inde bei Lamersdorf

»Sankt Mokka« – die Schmidter Pfarrkirche St. Hubertus

Von Konrad Schöller

Das erste Kirchengebäude im Eifelort Schmidt wird im Jahre 1685 errichtet. Rund zwei Jahrhunderte später folgt im Jahre 1870 ein wesentlich größerer Sakralbau. Die Kriegsereignisse des Zweiten Weltkriegs führen im Winter 1944/45 zu einer fast vollständigen Zerstörung der erst 70 Jahre alten Pfarrkirche. Als die Dorfbewohner nach Kriegsende aus der Evakuierung zurückkehren, sehen sie ihre Wohnstätten nahezu dem Erdboden gleichgemacht. So bleibt ihnen nichts anderes übrig, als in behelfsmäßigen Behausungen Schutz zu suchen. Gottesdienste müssen in einer als Provisorium errichteten Holzbaracke gehalten werden.

In Zeiten großer Not erleichtert ausgerechnet ein Genussmittel der Schmidter Bevölkerung den Wiederaufbau ihres Dorfes – der Kaffee. Aus dem grenzna-

Pfarrkirche Sankt Hubertus in Schmidt – »Sankt Mokka«

Schmugglerpfad im Schilsbachtal

hen Belgien schmuggeln die Bewohner des Monschauer Landes die begehrten braunen Bohnen und verkaufen sie mit satten Gewinnen weiter.
Zwei Jahre nach Kriegsende bekommt Schmidt einen neuen Pfarrer. Er kennt die Schmuggleraktivitäten der Dorfbewohner und weiß, wie gut sie daran verdienen. Aber er verurteilt nicht das lukrative Geschäft, sondern mahnt in seinen Predigten, man möge den notwendigen Wiederaufbau des Kirchengebäudes im Auge behalten. Seine Appelle zeigen Wirkung. Schon bald kommt im Klingelbeutel und bei Haussammlungen eine ansehnliche Geldsumme zusammen, nicht nur aus Erlösen des Kaffeeschmuggels. Auch »Nichtschmuggler« lassen sich nicht lumpen. Mit unentgeltlichen Hand- und Spanndiensten haben andere Teile der Dorfbevölkerung ebenfalls maßgeblichen Anteil daran, dass bereits fünf Jahre nach Kriegsende – man schreibt das Jahr 1950 – die bis auf ihre Grundmauern zerstörte Kirche wiederhergestellt ist. In Anspielung auf ihre Geldgeber trägt sie seither im Volksmund den Spitznamen »Sankt Mokka«.
Die Kriegsereignisse überdauert hat eine Pieta aus dem 15. Jahrhundert. Nach grundlegender Restauration im Jahre 2010 offenbart sie heute wieder ihr ursprüngliches Erscheinungsbild aus der mittelalterlichen Zeit.
In der Folgezeit steigt die Zahl der Messbesucher in Schmidt so rapide an, dass im Jahre 1969 das Raumvolumen der »Mokka-Kirche« erweitert werden muss. Den Aufzeichnungen des damaligen Pfarrers zufolge zählt man seinerzeit in den sonntäglichen Gottesdiensten bis zu 1500 Besucher.

In jüngster Zeit nehmen in der Pfarrgemeinde Sankt Hubertus Aspekte von Umwelt- und Naturschutz sowie friedenspolitische Aktivitäten einen hervorgehobenen Stellenwert ein. So wird im Jahre 2005 zur Gewinnung umweltfreundlichen Stroms auf dem Kirchendach eine Photovoltaikanlage in Betrieb genommen – die bislang größte auf einem Sakralbau in der Eifel. Im gleichen Jahr wird die in die Jahre gekommene Ölheizung der Pfarrkirche durch eine klimaschonend arbeitende Holzpelletheizung ersetzt. Das CO_2-neutrale Wärmeversorgungssystem ist das erste seiner Art in einem katholischen Gotteshaus in Nordrhein-Westfalen. Mit dem »Infopunkt Nationalpark Eifel« in der ehemaligen Taufkapelle besitzt »Sankt Mokka« seit Ende 2008 die einzige in einem Sakralbau untergebrachte Informationsstelle für ein Naturschutzgebiet. Seit 2013 gibt es den »Kreuzweg des Friedens«, einen spirituell ausgerichteten Rundwanderweg. Von seinem Ausgangspunkt an der Pfarrkirche führt er zu Erinnerungsstätten und Kriegsrelikten auf dem ehemaligen Gelände der »Battle for Schmidt«.
Einmal im Monat finden bei »Sankt Mokka« Kirchenführungen ganz spezieller Art statt. Sie veranschaulichen in prägnanter Form die bewegte Geschichte eines in vielerlei Hinsicht bemerkenswerten Gotteshauses. Für Interessierte geht die Geschichte hier weiter: http://regio-oratio.blog.de

Holzfigur des Kaffeeschmugglers in Harscheidt

Apfelkuchen vom Blech

Von Karola Cremer

1 kg Äpfel (Boskop)	schälen, entkernen und in Scheiben schneiden.
250 g Butter oder Margarine	mit
240 g Zucker	
1 Pck. Vanillezucker	und dem Saft von
2 Zitronen	etwa 5 Minuten mit dem Mixer cremig rühren.
6 Eier	nach und nach einzeln zufügen, gut unterrühren.
300 g Mehl	mit
1 Pck. Backpulver	mischen und zum Schluss kurz unterrühren. Den Teig auf eine gefettete und mit Mehl bestäubte Fettpfanne des Backofens streichen. Die Äpfel gleichmäßig darauf einbetten. Im vorgeheizten Backofen auf mittlerer Schiene bei 175 °C etwa 30 Minuten backen. Nach etwa 10 Minuten den Kuchen mit
100 g Mandelblättchen	und
5 EL Zucker	bestreuen und fertig backen. Auskühlen lassen.

Mit Sahne servieren.

Knackig und frisch – gerade gepflückt

Langerwehe blickt als rheinisches Steinzeugzentrum auf eine 1000-jährige Töpfertradition zurück, von der die Dauerausstellung des Töpfereimuseums erzählt. Darüber hinaus zeigt das Museum Sonderausstellungen zum Thema Keramik. Es gibt ein umfangreiches museumspädagogisches Angebot sowie ein vielfältiges Kreativprogramm.

Apfel-Vanille-Kuchen

Von Luzia Meyburg

250 g Mehl	
½ Pck. Backpulver	
125 g Zucker	
125 g Butter	und
1 Ei	zu einem Mürbeteig verarbeiten und in eine gefettete Springform legen. Einen Rand hochziehen. Von
8 Boskop-Äpfel	die Kerngehäuse ausstechen. Aus
750 ml Sahne	mit
250 ml Milch	
125 g Zucker	
1 Pck. Vanillezucker	und
1½ Pck. Vanillepuddingpulver	einen Pudding kochen. Die Äpfel in die Springform stellen und mit Pudding übergießen. Bei 180 °C Ober-/Unterhitze 60 bis 70 Minuten backen. In der Form erkalten und einen Tag ruhen lassen.

Die Müllenarker Mühle bei Schophoven war einst die Getreidemühle von Gut Müllenark.

Sonderausstellung des Töpfereimuseums Langerwehe zur zeitgenössischen Keramik

Apfel-Wein-Kuchen

Von Margot Jungbluth

1 kg Äpfel	schälen, entkernen, in Stücke schneiden und in eine Schüssel geben.
700 ml Weißwein (trocken)	und
250 g Zucker	zugeben.
2 Pck. Vanillepuddingpulver	mit
50 ml Wasser	anrühren. Äpfel, Wein und Zucker aufkochen, das angerührte Puddingpulver unterrühren und kurz aufkochen. Die Masse abkühlen lassen.
500 g Mehl	mit
100 g Zucker	
100 g Butter oder Margarine	
1 Ei	und
1 TL Backpulver	zu einem Mürbeteig verarbeiten. Den Teig in eine Springform mit hohem Rand drücken, dabei einen Rand hochziehen. Die abgekühlte Masse darauf verteilen und alles 1 Stunde bei 200 °C backen. Kuchen abkühlen lassen und vor dem Servieren
400 ml Sahne	mit
2 Pck. Vanillezucker	steifschlagen und auf den Kuchen streichen. Zum Schluss
50 g Mandeln	mit
20 g Zucker	in der Pfanne anbräunen und den Kuchen damit bestreuen.

Einträchtiger Sonntagsausflug

Käsekuchen – gebacken

Von Gerda Hensel

Boden

200 g Mehl	
100 g Butter	
80 g Zucker	
1 Ei	
1 Pck. Vanillinzucker	und
½ Pck. Backpulver	zu einem Mürbeteig verarbeiten. 30 Minuten kalt stellen und dann in eine gefettete Springform geben.

Füllung

500 ml Milch	erhitzen,
3 Eigelb	mit
200 g Zucker	sowie
2 Pck. Vanillepuddingpulver	und
etwas Milch	verrühren, aufkochen und abkühlen lassen.
250 g Quark (20 % Fett)	unterrühren.
3 Eiweiß	schaumig schlagen und unter die Quark-Pudding-Masse heben. Nach Geschmack etwas
Zitronenaroma und/oder Rosinen	in die Masse geben. Anschließend in der mit Teig ausgekleideten Springform verteilen und bei 180 °C Ober-/Unterhitze etwa 70 Minuten backen, bis die Oberfläche goldbraun ist.

Rauchschwalben im Stall – wer kennt sie nicht. Und jedes Jahr kommen sie wieder zu ihrem Nest. Wie die kleinen Vögel das schaffen, das wird wohl immer ein Geheimnis der Natur bleiben.

Blechkuchen mit roten Weinbergpfirsichen

Von Dorothee Beyhs

500 g Mehl	in eine Schüssel sieben, in die Mitte eine Vertiefung drücken und
42 g frische Hefe	hineinbröckeln. Die Hefe mit
1 EL Zucker	und
250 ml lauwarme Milch	sowie mit ein wenig des Mehls verrühren, den Vorteig dann mit Mehl bestreuen und zugedeckt mindestens 15 Minuten gehen lassen, bis das Mehl auf der Oberfläche deutliche Risse zeigt.
2 EL Zucker	
50 g geschmolzene Butter	
1 Ei	und
1 Msp. Salz	auf dem Mehlrand verteilen und alle Zutaten mit dem gesamten Mehl und dem Hefevorteig verrühren. Den Teig schlagen, bis er Blasen wirft und sich vom Schüsselrand löst. Den Teig nochmal mit Mehl bestäuben und zugedeckt 15 bis 20 Minuten gehen lassen, bis er deutlich an Volumen zugenommen hat.
3 kg rote Weinbergpfirsiche	mit kochendem Wasser überbrühen, enthäuten und halbieren. Streusel aus
200 g Butter	
200 g Zucker	
300 g Mehl	und
1 Msp. Zimt	herstellen. Den Hefeteig ausrollen, auf ein Backblech geben, mit den Pfirsichen belegen und mit den Streuseln bestreuen. Bei 200 °C Ober-/Unterhitze etwa 30 Minuten backen.

Jedes dieser mit Zwiebelschalen gefärbten Eier ist ein kleines Kunstwerk. Eigentlich zu schade zum Titschen und Essen.

Eierlikörkuchen

Von Helga Becker

> Damit der Kuchen nicht so schnell austrocknet, kann man ihn auch mit Schokoladenglasur bestreichen. Den Puderzucker dann weglassen.

5 Eier	
250 g Zucker	und
2 Pck. Vanillezucker	gut schaumig rühren.
250 ml Öl	sowie
300 ml Eierlikör	nach und nach dazugeben.
250 g Mehl	mit
1 Pck. Backpulver	mischen und unterrühren. Eine Backform (Gugelhupfform) gut ausfetten und mit Mehl bestäuben. Den Teig (ist sehr flüssig) in die Form geben. Den Kuchen im vorgeheizten Backofen bei 180 °C auf mittlerer Schiene etwa 1 Stunde backen. Mit
Puderzucker	bestreuen.

Ostereier mal anders: Stücke von alten Damenstrümpfen oder Zwiebelnetzen werden mit Zwiebelschalen und je einem rohen Ei so gefüllt, dass die Schalen am Ei anliegen. Stramm zubinden und kochen. Anschließend die Päckchen in gewöhnlicher Eier-Kaltfarbe färben.

Haselnusskranz

250 g Quark	gut auspressen, mit
6 EL Öl, 75 g Zucker	
1 Pck. Vanillezucker	und
1 Msp. Salz	verrühren. Danach
150 g Mehl	mit
1 Pck. Backpulver	mischen, dazugeben und unterrühren.
150 g Mehl	unterkneten. Den Teig zu einem Rechteck von etwa 35 x 45 cm ausrollen.
200 g gemahlene Haselnusskerne	mit
100 g Zucker	vermischen, dann
5 Tropfen Bittermandel-Backöl	sowie
½ Eigelb	und
4 EL Wasser	darunterrühren, so dass eine geschmeidige Masse entsteht. Die Nussmasse auf den Teig streichen, den Teig von der längeren Seite her aufrollen, als Kranz auf ein gefettetes Backblech legen.
½ Eigelb	mit
1 EL Milch	verschlagen, den Kranz damit bestreichen, dann sternförmig einschneiden. Bei 180 °C etwa 45 Minuten backen.

Stolze Leistung!

Übergabe der Erntekrone an den Landrat Wolfgang Spelthahn im Kreishaus Düren. Mit dabei ist die Kartoffelkönigin.

Das Leasinghuhn

Von Familie Püllen

Die beiden sind mit Freude bei der Arbeit: Anneliese Püllen und das Lieblingshuhn.

Auf dem Hermannshof der Familie Püllen in Eschweiler über Feld kann man Hühner »leasen«. Das ist zwar ungewöhnlich, aber eigentlich ganz einfach:

Mit Familien oder Einzelpersonen wird ein Leasingvertrag geschlossen, dem zwölf Gutscheine zu je zehn frischen Freilandeiern beiliegen. Diese können innerhalb eines Jahres im Hofladen abgeholt werden. Nach Ablauf eines Jahres erhält der Leasingnehmer noch ein gutes Suppenhuhn oder eine kleine Flasche Eierlikör.

Für Familie Püllen ist das Leasinghuhn ein Beitrag zur Öffentlichkeitsarbeit für die Landwirtschaft. Oft werden Kinder mit einem Leasinghuhn beschenkt. Die Hühner werden von den Kindern besucht und es gibt die Gelegenheit, Eltern und Kinder über die Geflügelhaltung zu informieren und bei den Kindern ggf. Vorbehalte gegen Tiere oder Fehlverhalten gegenüber Lebewesen zu korrigieren.

Es ist eine gute Möglichkeit, um sachlich richtig über Haltung, Fütterung, Schlachtung und so weiter zu informieren, zwar zeitaufwändig, aber sehr wirkungsvoll. Die Leute sind erstaunt, dass auch bei einem größeren Produktionsumfang – wir haben 17 000 Hühner – noch so viel von Hand erledigt wird und Kontrollarbeit notwendig ist. Hier sind die Tiere keine Maschinen, die ein zu 100 Prozent konstantes Produkt erstellen.

Gerne dürfen die Kinder auch die zehn Freilandeier selbst einsammeln. Das Gefühl von warmen, frisch gelegten Eiern oder über das weiche Gefieder eines Huhns zu streichen, sind schon besondere Erlebnisse.

Picken und scharren nach Herzenslust

Lagenkuchen

Von Otti Kügelgen

> Der Kuchen kann 2 bis 3 Tage vorher gebacken werden. Hält sich gut im Kühlschrank, auch zum Einfrieren geeignet.

500 g Butter	und
500 g Zucker	schaumig rühren, dann abwechselnd nach und nach
500 g Mehl	
8 Eier	
etwas Salz	und
1 Pck. Backpulver	langsam unterrühren, dann dünne Böden backen. Dazu den Boden einer eingefetteten Springform mit etwas Teig bestreichen und ohne Rand der Springform bei 200 °C Ober-/Unterhitze (170 °C Umluft) etwa 8 Minuten backen. Nicht zu stark backen, da die Böden sonst beim Ablösen vom Blech brechen können. So backt man je nach Größe der Form 10 bis 12 Lagen. Mit Pergament oder Tortenpappe dazwischen lagern. Am nächsten Tag aus
500 ml Milch	und
1 Pck. Vanillepuddingpulver	nach Anleitung einen Pudding kochen, erkalten lassen und dazu mit Klarsichtfolie bedecken, damit sich keine Haut bildet. Nun die Böden abwechselnd jeweils mit etwas Vanillepudding oder mit
450 g Johannisbeer-, Kirsch- oder Aprikosengelee	bestreichen und zusammensetzen. Zum Schluss den überstehenden Rand abschneiden und alles mit Gelee bestreichen. Zuletzt mit
200 g gehobelte Mandeln	bestreuen. Kuchen in kleine Stücke schneiden, da er sehr mächtig ist.

Das Leopold-Hoesch-Museum – 1905 erbaut, nach dem Zweiten Weltkrieg wieder aufgebaut und 2010 mit einem modernen Anbau komplettiert – hat sich gemeinsam mit dem Papiermuseum im Städte-Dreieck Aachen, Bonn und Köln einen Namen gemacht. Der Schwerpunkt liegt auf Wechselausstellungen mit nationaler und internationaler Kunst der Gegenwart sowie der Kulturgeschichte des Papiers.

Reistorte – gebacken

1 Quark-Öl-Teig	nach dem Rezept Haselnusskranz (Seite 160) herstellen. Auf einem gefetteten Backblech verteilen.
160 g Milchreis	mit
500 ml Wasser	verkochen lassen.
500 ml Milch	dazugeben, kurz aufwallen lassen und zur Seite stellen.
100 g Butter oder Margarine	mit
1 EL Vanillepuddingpulver	
150 g Zucker	und
3 Eigelb	schaumig schlagen.
3 Eiweiß	steifschlagen und unterheben. Zuerst den Reis, dann die Masse auf dem Quark-Öl-Teig verteilen. Bei 200 °C etwa 45 Minuten backen.

Schokoladenkuchen

Von Gaby Handels

200 g Butter	
200 g Zucker	und
1 Prise Salz	schaumig schlagen. Nach und nach
4 Eigelb	zugeben und unterrühren.
200 g bittere Schokolade	im Wasserbad auflösen und unterrühren.
120 g Mehl	nach und nach untermischen und zum Schluss
4 Eiweiß	steifschlagen und unterheben. Eine Kuchenform einfetten und mit
Semmelbrösel	ausstreuen, oder eine Silikonform benutzen. Den Backofen auf 180 bis 200 °C Ober-/Unterhitze vorheizen und 40 bis 50 Minuten backen. Auskühlen lassen und mit
150 g Kuvertüre	verzieren.

Eine romantische, aber auch giftige Schönheit ist das tränende Herz.

Appeltaat – gedeckter Apfelkuchen

400 g Mehl	auf ein Backbrett sieben,
150 g kalte Butter	in Stückchen darauf verteilen und klein hacken.
150 g Zucker	
2 Eier	
3 EL saure Sahne	und die abgeriebene Schale von
½ Zitrone	in die Mitte geben, zu einem Mürbeteig verarbeiten und 1 Stunde kalt stellen.
1 kg Äpfel	schälen, entkernen, in feine Scheiben schneiden. Mit
1 Pck. Vanillezucker	und
2 EL Weißwein	in einem geschlossenen Topf dünsten. Dabei mehrmals durchrühren und erkalten lassen. Den Teig halbieren und dünn ausrollen. Eine gefettete Springform mit einer Teighälfte auslegen und einen Rand hochdrücken, mit den Äpfeln belegen.
50 g Rosinen	waschen und mit
50 g gehackte Mandeln oder geriebene Haselnüsse	auf die Äpfel streuen. Die andere Teighälfte dünn ausrollen, darüberlegen und am Rand gut andrücken. Mit einer Gabel vorsichtig einige Löcher hineinstechen. Die Taat bei 200 °C Ober-/Unterhitze schön braun backen und abschließend mit
Zucker, Zimt	bestreuen.

Nach der Versteigerung der Maibräute wird in der Nacht zum 1. Mai durch Ausrufen im Dorf lautstark mitgeteilt, welcher Maijunge welche Maibraut ersteigert hat. Dann hängen die Jungen ihren Damen Maibäume, -herzen oder -bilder ans Haus. Die Höhepunkte der Jahrhunderte alten Maitradition sind der Maiball und der Festzug, wie hier in Inden/Altdorf.

Spiegeleierkuchen

Von Ruth Mugele

250 g Butter oder Margarine	mit
250 g Zucker	
2 Pck. Vanillezucker	schaumig rühren.
3 Eier	nach und nach unterschlagen.
275 g Mehl	unterrühren, bis ein geschmeidiger Teig entsteht. Ein Backblech mit
3 EL Öl	einpinseln (kein Papier). Den Teig auf das Backblech geben und bei 200 °C etwa 20 bis 30 Minuten backen, bis eine bräunliche Oberfläche entsteht.
1 l Milch	mit
2 Pck. Vanillepuddingpulver	zu einem Pudding kochen, erkalten lassen.
750 g Schmand	unterrühren und die Masse auf dem Kuchenboden verteilen. Das Ganze wieder 20 bis 30 Minuten backen. Dann erkalten lassen.
2 Dosen Pfirsiche (à 840 g)	Pfirsichhälften auf dem Boden verteilen. Den Pfirsichsaft mit
2 Pck. Tortenguss	binden und den Boden damit überziehen.

Natürliche Uferbereiche bieten Lebensraum für eine vielfältige Tier- und Pflanzenwelt. Aus einem Spaziergang kann dann schnell mal eine Entdeckungsreise werden.

Landschwarzbrot

250 g Roggenschrot, Type 1800 und
250 g Weizenschrot, Type 1700 (oder Dinkelschrot)
500 g Weizenmehl, Type 1050 (oder Dinkelmehl)
100 g Leinsamen
100 g Sesamkörner
200 g Sonnenblumenkerne
180 g Rübenkraut
1 l Buttermilch
2 Pck. frische Hefe und
3 TL Salz miteinander vermischen und zu einem dickflüssigen Teig verarbeiten. Diesen dann in eine gefettete Kastenform füllen (er braucht nicht zu gehen). 150 bis 180 Minuten bei 150 °C Umluft im Backofen backen.

Vor dem Anschnitt mindestens 12 Stunden ruhen lassen.

Der Bauer baut mit Müh und Not, das Korn für unser täglich Brot.
Zum Müller wird das Korn gebracht und feines Mehl daraus gemacht.
Der Bäcker nimmt das Mehl ins Haus und bäckt im Ofen Brot daraus.
Die Mutter streicht noch Butter drauf, und wir – wir essen alles auf. (E. Lausch)

Unser tägliches Brot gib uns heute.

Schwarzbrot – Vollkornbrot

Von Dorothee Beyhs

300 g Dinkelvollkornmehl und
100 g Roggenvollkornmehl
100 g Dinkelschrot
250 g Roggenschrot
250 g Gerstenschrot
1 l Buttermilch
225 g Rübenkraut
3 Pck. Trockenhefe
1½ TL Salz
250 g Sonnenblumenkerne und
300 g ganze Haselnüsse zu einem Teig verarbeiten und in eine große, mit Backpapier ausgelegte Brotbackform geben. Bei 150 °C Ober-/Unterhitze etwa 2 Stunden und 45 Minuten backen.

Schräg gegenüber der Annakapelle in Irresheim liegt ein altes Backhaus, im Volksmund »et Backes« genannt.

Schneckenhochzeit: Bei der Paarung sind Weinbergschnecken nicht Männchen oder Weibchen, sondern beides – und zwar gleichzeitig.

Die Aldenhovener Rübenkrautfabrik

Von Karin Jansen

Sirup aus Zuckerrüben gab es im Rheinland schon seit 1813, nachdem der Zucker während der Kontinentalsperre sehr knapp war. In Zeiten der Zuckerknappheit bis 1916 verbot man sogar die Krautherstellung, musste sie aber als Folge des Protestes der ländlichen Bevölkerung 1917 wieder freigeben.
Während der Nachkriegsjahre versuchten viele Menschen aus »irgendwie beschafften« Zuckerrüben in ihren Waschküchen ein mehr oder weniger angebrannt schmeckendes Erzeugnis für ihre hungernden Familien zu kochen. Die Zuckerrübe half ihnen so zum Überleben.
Die Aldenhovener Krautfabrik produzierte von 1890 bis 1997. Im Jahr 2003 wurde sie abgerissen. Im Volksmund wurde sie »Seempersch« (Krautpresse) genannt.
Im Rheinland hat das Rübenkraut – wie wohl in kaum einer anderen Region – eine lange Tradition. Und trotzdem haftete ihm noch lange nach dem Krieg das Image der »Hungerjahre« an. Heute wird Rübenkraut in hoch technisierten Anlagen als kontrolliertes und anerkanntes Lebensmittel produziert. Es hat seinen angestammten Platz auf dem rheinischen Familientisch sichern und behalten können.

Die Aldenhovener Krautfabrik in den 1950er Jahren

Sonnenblumenkernbrot

Von Maria Clemens

350 ml warmes Wasser	in eine Schüssel geben und
1 Pck. Trockenhefe	mit
1 EL Zucker	darin auflösen.
300 g Weizenmehl	und
200 g Vollkornmehl	in eine andere Schüssel sieben.
1 EL Salz	
2 EL Sonnenblumenöl	und das Hefewasser dazugeben und 3 Minuten mit dem Knethaken des Handrührgeräts kneten.
70 g Sonnenblumenkerne	dazugeben und das Ganze mit den Händen noch einmal 3 bis 4 Minuten kräftig durchkneten, in eine Schüssel geben und zugedeckt an einem warmen Ort gut 30 Minuten gehen lassen. Wenn sich der Teig verdoppelt hat, nochmal kurz durchkneten. Den Teig formen und auf ein Blech geben oder in eine Form setzen und noch einmal abgedeckt 20 Minuten gehen lassen. Den Ofen auf 200 °C Ober-/Unterhitze vorheizen. Nun das Brot in den Ofen geben und etwa 1 Stunde backen (Stäbchentest machen) und/oder von unten gegen das Brot klopfen: Wenn es hohl klingt, ist es fertig.

Alternativ kann dieses Brot auch mit Walnüssen oder nach Belieben mit anderen Körnern gebacken werden.

Sie dreht ihre Blüte immer mit der Sonne, die Sonnenblume.

Schnelles, weiches Fladenbrot

Von Waltraud Strack

235 ml Wasser	lauwarm erhitzen.
21 g frische Hefe	mit
2 EL Zucker	im Wasser verrühren, bis sich die Hefe aufgelöst hat.
2 EL Öl	mit
360 g Mehl, Type 550	sowie
1 TL Salz	mischen, die aufgelöste Hefe zugeben und alles zusammen verrühren. 6 bis 8 Minuten gut kneten, zur Kugel formen und 30 Minuten abgedeckt gehen lassen. Teig dann nochmal gut durchkneten, auf Backpapier rund ausrollen – nicht zu dünn. Finger mit etwas Mehl bestäuben und leichte Dellen in den Teig drücken. Jetzt mit
50 ml Milch	bestreichen, mit
30 ml Olivenöl	beträufeln und mit
50 g Sesamkörner	bestreuen. 15 Minuten auf dem Backblech gehen lassen. Den Backofen auf 200 °C vorheizen. Das Fladenbrot 10 bis 12 Minuten backen (am besten eine Stäbchenprobe machen).

Jeden Sommer informiert der »Tag der Archäologie« in der Außenstelle Titz des Rheinischen Amtes für Bodendenkmalpflege über die Projekte an der Tagebaukante. Ein besonderes Erlebnis ist die eisenzeitliche Hofanlage auf dem Gelände.

Seit 1654 pilgern Menschen zum Marienbild nach Aldenhoven. Früher wurden bei der Jahrfeier etwa 100 000 Pilger gezählt. Vom Glauben aus früheren Zeiten zeugen heute noch die Dankestafeln in der Kapelle. Die Gnadenkapelle blieb von der Zerstörung im Zweiten Weltkrieg verschont, die Wallfahrtskirche hingegen wurde gesprengt. Heute steht an dieser Stelle die Sankt Martinus Kirche.

Kaffee-Kulleraugen

Von Renate Xhonneux

125 g Margarine (zimmerwarm)	mit
50 g Zucker	
1 TL Vanillezucker	schaumig rühren.
1 Msp. Salz	
1 TL lösliches Espressopulver	und
1 Eigelb	unterrühren.
175 g Mehl	sowie
50 g gemahlene Mandeln	am Schluss ebenfalls unterrühren, dann alles zu einem Teig kneten. Den Knetteig in Folie über Nacht kalt stellen. Zum Verarbeiten nochmals gut durchkneten, dann Rollen formen und kirschgroße Stücke abschneiden. Zu Kugeln rollen und in jede Kugel mit dem Stiel eines Holzlöffels ein Loch drücken. Auf Backpapier etwa 10 Minuten bei 200 °C (Umluft 180 °C) backen. Nach dem Erkalten mit
50 – 100 g Puderzucker	bestäuben.
50 g rotes Gelee	erwärmen und vorsichtig mit einem Teelöffel in die Löcher tropfen lassen. Fest werden lassen.

Sollte innerhalb einer Woche frisch verzehrt werden. Schmeckt am besten zum Kaffee.

Viele Menschen arbeiteten in den 1920er Jahren auf einem Bauernhof im Jülicher Land.

Bereits 1742 entstand in Schneidhausen neben dem Wohnhaus der Familie Hoesch eine Eisenschneidemühle, bald danach auch eine Papierfabrik. Seit 1843 wurde im Walzwerk Zink gewalzt. Das gesamte Unternehmen blieb noch fünf Generationen im Besitz der Familie. Aus dem Hüttenbetrieb ging dann die heutige Badewannenfabrik Hoesch Design GmbH hervor, die einer der größten Badewannenhersteller Europas ist.

Nussecken

300 g Mehl	mit
1 TL Backpulver	mischen.
130 g Zucker	mit
2 Pck. Vanillezucker	mischen. Diese Zutaten dann zusammen mit
2 Eier	
130 g Butter oder Margarine	zu einem Knetteig verarbeiten und auf einem mit Backpapier ausgelegten Backblech ausrollen, beiseitestellen. Dann für den Belag
200 g Butter oder Margarine	
200 g Zucker	
2 Pck. Vanillezucker	und
4 EL Wasser	erhitzen und aufkochen lassen. Von der Herdplatte nehmen und
200 g gemahlene Haselnüsse	sowie
200 g gehackte Haselnüsse	unterheben. Diese Masse auf den Teig verteilen und bei 175 bis 200 °C Ober-/Unterhitze etwa 20 bis 30 Minuten backen. Abkühlen lassen und rundherum mit
400 g Kuvertüre	verzieren.

Ein paar Tage vor Heiligabend werden auf dem Jüngersdorfer Hof Weihnachtsbäume verkauft. Für den musikalischen Rahmen singen auch die Kindergartenkinder, denen der Nikolaus dafür dankt.

Vanille-Spritzgebäck

Von Angelika Eller

500 g Butter oder Margarine	schaumig rühren.
500 g Zucker	mit
4 Pck. Vanillezucker	unterrühren. Dann
6 Eigelb	unterrühren.
1 kg Mehl	mit
1 Pck. Backpulver	mischen, ebenfalls unterrühren.
2 EL Milch	dazugeben. Zu einem geschmeidigen Teig kneten. Die Plätzchen mit der Backpresse oder dem Fleischwolfaufsatz formen und bei 180 °C im Umluft-Backofen backen, bis sie leicht braun sind (etwa 10 Minuten).

Dieser Teig eignet sich sehr gut für eine Backpresse für Plätzchen. Die Plätzchen können nach dem Erkalten mit Schokoladenglasur bepinselt werden oder in Schokoladenglasur eingetaucht werden.

Nougatküsse

Von Sybille Schnitzler

250 g Mehl	mit
125 g Zucker	
1 Pck. Vanillezucker	
50 g geriebene Haselnüsse	
125 g Butter	und
1 Ei	zu einem Mürbeteig verkneten. Kleine Plätzchen (Ø 2,5 cm) ausstechen. Im Umluftherd bei 180 °C auf Sicht hellbraun backen, abkühlen lassen. Die Hälfte der Plätzchen dann mit
250 g Nougat	bestreichen und jeweils ein Plätzchen daraufsetzen.

Angelikas flotte Weihnachtsplätzchen

Von Angelika Schröder

200 g Margarine	schaumig rühren.
125 g Zucker	
1 Pck. Vanillezucker	
2 Eigelb	und etwas abgeriebene Schale von
1 Zitrone (unbehandelt)	unter Rühren nach und nach hinzugeben.
250 g Mehl	und
2 EL Milch	abwechselnd unterrühren.
100 g Mandelstifte	
100 g gewaschene, abgetropfte Rosinen	
100 g Zitronat	und
100 g Orangeat	unterheben. Häufchen auf ein Backblech geben. Bei 175 bis 200 °C etwa 15 bis 20 Minuten backen. Mit
Puderzucker	bestäuben.

Weihnachtsmarkt in Schloss Merode

Der Garekicker ist ein Mann, der lässig aus der halb geschlossenen Haustür (Gare) lehnt und genüsslich eine Pfeife raucht. Er verkörpert ein Stück Mentalität aus der Blütezeit des Wallfahrtsortes Aldenhoven. Zahllose Pilger durchquerten damals das Dorf auf dem Weg zur Gnadenkapelle, die Aldenhovener selbst beschränkten sich – Berichten zufolge – meist auf das Zuschauen (kicke).

Schweizer Nusstaler

Von Renate Xhonneux

125 g gehackte Haselnüsse	trocken in einer Pfanne rösten, bis sie hellbraun sind, erkalten lassen.
250 g Mehl	
1 gestr. TL Backpulver	
je 100 g Stärkemehl, Puderzucker	
1 Pck. Vanillezucker	und
250 g Margarine	zusammen mit den abgekühlten Nüssen zu einem Teig verarbeiten. Mehrere Rollen daraus formen (Ø etwa 2 cm, Länge eines flachen Tellers). Auf einen flachen Teller
50 ml Milch	geben, auf einem zweiten Teller
50 g Zucker	mit
50 g Kakaopulver	mischen. Die Rollen erst in Milch, dann in Kakaomischung rollen und auf einem Teller aufschichten. Frischhaltefolie dazwischenlegen, weil die Rollen sonst zusammenkleben. Über Nacht kühl stellen. Am nächsten Tag Scheiben von 0,75 bis 1 cm abschneiden und bei 175 bis 195 °C etwa 15 bis 20 Minuten hellgelb backen.

Der Brückenkopf beherrscht den westlichen Stadteingang Jülichs. Das Festungsbauwerk aus napoleonischer Zeit ist das Herzstück des Brückenkopf-Parks, des Landesgartenschaugeländes von 1998.

Der Garekicker schaut auf Aldenhovens alten Turm, den Rest der ehemaligen Befestigungsanlage aus dem 15. Jahrhundert, welcher heute das Schützen- und Heimatmuseum der Sankt Sebastianus Schützenbruderschaft Aldenhoven beherbergt.

Spekulatius

Von Elisabeth Hempsch

Für diese Plätzchen benötigt man Spekulatius-Model.

500 g Mehl	mit
¼ Pck. Backpulver	vermischen, auf ein Backbrett sieben und in die Mitte eine Mulde drücken. In die Mulde alle folgenden Zutaten und Gewürze geben:
300 g Zucker	
250 g gute Butter	
1 EL Schweineschmalz	
1 EL Honig	
3 – 4 EL süße oder saure Sahne	
2 Hände voll gemahlene Nüsse oder Mandeln	und
etwas Zimt	
1 Msp. Salz	
6 g Koriander	sowie
2 – 3 geriebene Tonkabohnen (aus der Apotheke)	Die Zutaten gut durchkneten und den Teig einige Tage kühl stellen. Den Teig vor dem Backen nochmals gut durchkneten und kleine Stücke in das Spekulatius-Modelbrett drücken. Mit einem Messer den überstehenden Teig abschneiden, dann die Teigfiguren vorsichtig aus dem Holzmodel herausklopfen, auf ein gefettetes, bemehltes Backblech setzen und im vorgeheizten Backofen bei etwa 200 °C Ober-/Unterhitze rund 10 bis 12 Minuten goldbraun backen. Vorsicht, die Plätzchen werden schnell dunkel!

Nicht zu viel Zimt verwenden, sonst werden die Plätzchen zu dunkel.

Spekulatiusform

Von Honig und den Bienen

Von Sebastian Robens

Bienenhaus der Familie Robens

Imkerin Jasmin Robens, neun Jahre alt

»Caelestia dona« (himmlische Gaben) schwärmt der römische Dichter Vergil und meint damit den bereits in der Antike sehr beliebten Bienenhonig. Über viele Jahrhunderte bis in die heutige Zeit hat sich die Faszination für die große Leistung der doch so kleinen Bienen erhalten. Auch wenn heute im Gegensatz zu früheren Zeiten Zucker und Süßstoffe das ehemalige Monopol des Honigs abgelöst haben und süße Nahrungsmittel zum Alltag gehören. Doch Honig war und ist sehr beliebt. Aber Honig ist nicht gleich Honig. Zahlreich sind die Honigsorten: In Farbe, Konsistenz, Geruch und Geschmack sind die Unterschiede äußerst vielfältig; mal fast schneeweiß der Obstblüten- und Rapshonig, mal fast schwarz der Wald- und Tannenhonig.
Bei der Ernte ist der Honig flüssig, später kandiert er und wird fest. Den Rohstoff für den Honig finden die Bienen in der Natur. Sie sammeln Blütennektar und Honigtau. Erst im Honigmagen der Bienen entsteht daraus Honig, den die Bienen in selbst gebauten Waben aus Wachs einlagern. Mit dem Sammeln von Nektar leisten die kleinen Insekten dem Menschen einen weiteren großen Dienst, denn ganz nebenbei bestäuben sie viele Kulturpflanzen, die uns ohne das Zutun der Bienen wenig oder keine Früchte brächten.
»Fleißig wie die Bienen« sagt der Volksmund. Aber Fleiß alleine reicht nicht aus, um Großes zu leisten. Über Millionen von Jahren hat die Natur mit der Organisationsstruktur in einem Bienenvolk eine der komplexesten Sozialstrukturen geschaffen, die auf unserem Planeten zu finden sind. Das Verhalten der Bienen zu studieren, ist vielleicht die größte Faszination an diesem Insekt. Vergil jedenfalls muss das Leben der Bienen gut gekannt haben, hat er doch dem römischen Kaiser Augustus den Bienenstaat als Musterstaat göttlicher Herkunft empfohlen.

»Nunc age, naturas, apibus quas Iuppiter ipse addidit, expediam.« (Verg. georg. IV 149f.) – Nun wohlan, ich will das Wesen, das Jupiter selbst den Bienen gab, darlegen.

Walnussbaiser

Von Renate Xhonneux

200 g Mehl	mit
1 Msp. Backpulver	
1 Pck. Vanillezucker	etwas abgeriebene Schale von
1 Zitrone (unbehandelt)	
75 g Zucker	
1 Msp. gemahlene Nelken	
1 Msp. Zimt	
1 Ei	sowie
125 g Margarine	zu einem Knetteig verarbeiten und kalt stellen. Dann dünn ausrollen und mit gezackter Form (4 cm) Plätzchen ausstechen und auf ein Backblech legen.
2 Eiweiß	sehr steifschlagen, dann
100 g Zucker (feinkörnig)	
1 Msp. Kardamom	unterschlagen.
200 g gemahlene Walnusskerne	unterheben. Mit einem Spritzbeutel mit großer Sterntülle Kränze auf die Plätzchen spritzen und etwa 15 Minuten bei 170 °C backen.
5 TL Himbeergelee	erhitzen, leicht abkühlen lassen und in die Plätzchen füllen.

Walnüsse

Saure-Sahne-Kringel

Von Sybille Wacker

500 g Mehl	
375 g Butter	und
10 EL saure Sahne	zu einem Teig verkneten und über Nacht kalt stellen. Den Teig 0,5 cm dick ausrollen und runde Plätzchen ausstechen. (Ø etwa 5 cm). Diese in der Mitte nochmals ausstechen, so dass Kringel entstehen. Die Kringel mit
1 Eigelb (verquirlt)	bestreichen und in
Hagelzucker	legen. Dann auf ein Backblech geben und bei 180 °C hellgelb backen.

Omas feine Trüffel

Von Maria Färber

125 g Kokosfett	mit
30 g Butter	im Wasserbad auflösen.
250 g Puderzucker	und
100 g Kakaopulver	zugeben und gut verrühren.
3 EL Rum (54%ig)	unterrühren. Vorsicht beim Kakao und Rum: nicht zu viel auf einmal, besser zwischendurch abschmecken! Die Masse wird ziemlich fest. Kleine Kugeln formen und sofort in
150 g Schokostreusel	wenden. Am besten immer in kleinen Portionen, damit die Streusel halten.

Stille Nacht, heilige Nacht in Sankt Cäcilia in Niederzier

Holunderblütengelee

Von Angelika Schröder

20 Holunderblütendolden	waschen, 24 Stunden mit den Stielen nach oben in
1 l reiner Apfelsaft	einlegen, dann ausdrücken und den Saft durch ein Sieb gießen. Davon 750 ml Saft mit
1 kg Gelierzucker (1:1)	nach Anleitung kochen und heiß in saubere Gläser mit Drehverschluss füllen. Geschlossene Gläser 5 Minuten auf den Kopf stellen.

Eierlikör-Punsch (für 6 Personen)

Von Hannelore Hermanns

3 Orangen	auspressen, den Saft mit
300 ml Eierlikör	
350 ml Weißwein	und
2 EL Zucker	in einem Topf unter Rühren erhitzen.
250 ml Sahne	mit
1 Pck. Vanillinzucker	steifschlagen. Den heißen Eierlikör-Punsch in Gläser füllen, Sahne darauf geben, mit
Zimt	bestäuben und sofort servieren.

Vom Geyer Berg schweift der Blick über Düren. Am Horizont streben die Kühlwolken der Braunkohlenkraftwerke an der Erft in den Himmel.

Wegen ihrer Nützlichkeit für Garten und Landwirtschaft glaubte man, dass die kleinen Käfer ein Geschenk der Jungfrau Maria seien, und so bekamen sie ihren Namen: Marienkäfer.

Eifelland

Eifelland du bist mein Heimatland.
Deutsches Grenzgebiet wirst du genannt.
In der Mitte steht mein Vaterhaus,
wandernd zieh ich in die weite Welt hinaus,
wandernd zieh ich in die weite Welt hinaus.

Grüne Berge sind wohin man sieht.
Und durchs Tal ein muntres Bächlein fließt.
Über allem lacht der Sonnenschein,
herrlich ist es doch bei uns, bei uns daheim,
herrlich ist es doch bei uns, bei uns daheim.

Wenn wir wandern durch die schöne Welt,
Freud und Frohsinn sich zu uns gesellt.
Leid und Sorgen sind dann unbekannt,
uns Wanderburschen aus dem schönen Eifelland,
uns Wanderburschen aus dem schönen Eifelland.

(Vereinslied des Mandolinenclubs T.C. Wandervogel Merken)

Das Kalltal zwischen Vossenack und Kommerscheidt

Die Rose »LandFrau« vom Züchter Josef Nieborg ist, wie eine LandFrau sein muss: sehr stachelig, vollblütig und hat einen leichten Apfelduft. Die stachelige Schönheit würdigt seit einem LandFrauentag in den vergangenen Jahren die Arbeit der LandFrauen.

Pflaumenlikör

Von Rosemarie Jansen

1,5 kg entkernte Pflaumen	mit
1 l Wasser	
1 Gewürznelke	und
1 Zimtstange	30 Minuten kochen lassen, anschließend durch ein Sieb oder Küchenhandtuch geben. In den Saft dann
700 g Zucker	und
20 – 50 g Vanillinzucker	einrühren und mindestens 8 Stunden stehen lassen.
700 ml Korn	mit
700 ml Rum (weiß)	dazugeben. In Flaschen füllen und weitere 14 Tage stehen lassen.

Warm gemacht und mit einer Sahne-Zimt-Haube ist der Likör eine Köstlichkeit. Aber auch kalt getrunken schmeckt er sehr lecker.

Der Feldhase ist an seinen langen Löffeln gut erkennbar.

Kurz vor der Mündung in ihr altes Bett fließt die neue Inde bei Kirchberg dicht an der Abbaukante.

Apfelkraut

10 kg süße Äpfel, evtl. gemischt mit süßen Birnen	waschen und ungeschält zerschneiden, das Kerngehäuse entfernen und daraus einen klaren Saft herstellen. Ein Dampfentsafter ist dazu am besten geeignet, ansonsten das Obst mit wenig Wasser unter Rühren weich kochen und das Mus durch ein Tuch schütten, so dass der Saft durchläuft. Den Saft in einem Topf solange kochen, bis er zu einem dicken, gelierfähigen, braunen Sirup geworden ist. In saubere Gläser füllen und verschließen.

Apfel-Kürbis-Marmelade mit Schuss

Von Mechthild Hensen

500 g Kürbisfruchtfleisch (Hokkaido)	in Würfel schneiden und
500 g Äpfel (mehlige)	schälen, entkernen und in Würfel schneiden. Kürbis und Äpfel in einen Topf geben, etwa 10 Minuten garen, dann pürieren und
500 g Gelierzucker (2:1)	dazugeben.
1 Prise Salz	und
1 Pck. Vanillezucker	zufügen und alles aufkochen lassen. 3 bis 4 Minuten sprudelnd kochen, zum Schluss
1 – 2 Suppenkellen Amaretto Likör	nach Geschmack dazugeben, heiß in saubere Gläser füllen.

Vor wenigen Jahrzehnten waren fast alle unsere Dörfer von Obstwiesen umgeben. Das Obst deckte nicht nur den eigenen Bedarf, die Wiesen waren auch Lebensraum vieler Tierarten. Die Erschließung als Bauland hat dem Bestand dieser Wiesen stark zugesetzt. In der Region gewachsen, geerntet und gepresst bietet der eigene Apfelsaft viele Vitamine und hilft dem Natur- und Artenschutz.

Unsere Heimat

Goswin Flatten (†), Inden

Wo die Eifelberge weiten sich zum Tal,
Gold'ne Ähren reifen in der Sonne Strahl,
Wo der Inde Welle sich zur Rur ergießt:
Liegt ein Fleckchen Erde, das man nie vergisst.

Wo der Kirchen Türme weisen weit ins Land,
Feld und Flur gesegnet von des Höchsten Hand.
Blumen blühen, duften, Vogellied erklingt,
Wo auf allen Wegen frohe Jugend singt.

Wo die Väter lebten, treu zu Gott und Land.
Not das Herz ließ beben, Krieg und Pest und Brand.
Alt' Gemäuer kündet von vergang'ner Zeit,
Und ein Kreuz aus Stein gelebte Tapferkeit.

Land der braunen Kohle, Land, wo weißes Gold,
Wird in den Turbinen, harter Arbeit Sold.
Land, bestimmt zum Sterben, und zum Aufersteh'n,
Mögen uns're Erben dich erneuert sehn.

Gott soll dich behüten, du mein Heimatland.
Scheid' ich oder bleib' ich, nie zerreißt das Band.
Wenn ich einst dann sterbe, will nur hier ich ruh'n,
In der Heimat schlafen, Gottes Frieden zu!

Gold'ne Ähren reifen …

Melonen-Himbeer-Smoothie (ergibt 4 Gläser)

Von Karin Käufer

½ Honigmelone	Das Fleisch in Stücke schneiden. Zusammen mit
1 Banane	
200 g Himbeeren (TK)	
200 ml Apfelsaft	und
45 g Himbeer- oder Zuckersirup	mischen und im Mixtopf pürieren, bis alles klein ist (etwa 90 Sekunden). Smoothie in Gläser, eventuell mit Zuckerrand, füllen und mit einem Strohhalm servieren. Mit
Minzeblätter	dekorieren.

Condul – ein Winterabendgetränk

Von Trudi Schmitz-Schunken

Dazu kann man Kuchen essen.

4 Eier	mit
150 g Zucker	schaumig rühren.
1 Zitrone	auspressen und den Saft dazugeben. Anschließend
700 ml Weißwein (trocken)	zugießen und unter ständigem Rühren erhitzen, nicht kochen. Mit
1 Msp. Zimt	bestäuben und servieren.

Begriffserläuterungen

Abbacken/Ausbacken	Etwas in heißem Fett schwimmend backen.
Ablöschen	Das Angießen von scharf angebratenem oder geschmortem Fleisch oder Gemüse.
Abschmecken	Eine Speise mit den Grundgewürzen Salz, Pfeffer, Zucker usw. nach eigenem Geschmack würzen.
Andünsten/Anschwitzen	Ein Lebensmittel in heißem Fett leicht rösten, ohne es zu braten. Das Lebensmittel soll nur glasig werden, z.B. Zwiebeln.
Ausbraten/Auslassen	Den Speck so lange braten, bis das Fett herausgebraten ist.
Blanchieren	Zutaten in einen Topf mit kochendem Wasser geben und kurz köcheln lassen.
Garen/Köcheln	Eine Speise sollte nicht stark kochen. Die Hitzezufuhr muss so gedrosselt werden, dass nur ein leichtes Aufsteigen von Kochblasen zu sehen ist.
Gratinieren	Das Überbacken von Speisen.
Legieren	Ist das Binden und Verfeinern von Gerichten mit Eigelb. Das Ei oder Eigelb wird mit warmer Flüssigkeit vermischt und unter ständigem Rühren in die nicht mehr kochende Speise gegeben.
Karkasse	Aus dem Französischen: Carcasse für Gerippe. Karkasse nennt man das nach dem Tranchieren meist kleinerer Tiere zurückbleibende Knochengerüst samt eventuell anhaftender Fleischreste.
Marinieren	Ist das Einlegen von Lebensmitteln in eine gewürzte Flüssigkeit, um der Speise einen besonderen Geschmack und bessere Haltbarkeit zu verleihen.
Mehlschwitze	Traditionelles Bindemittel von Suppen und Soßen (Fett zerlassen und Mehl einrühren).
Parieren	Fleisch von Fett und Sehnen befreien.
Passieren	Flüssigkeiten durch ein Sieb oder Tuch geben.
Pürieren	Ein gares Lebensmittel wird stark zerkleinert. Früher war hierfür in vielen Haushalten die »Flotte Lotte« ein beliebtes Haushaltsgerät, z.B. um Apfelmus herzustellen.
Reduzieren	Flüssigkeit fast vollständig verkochen lassen (einkochen).
Stocken lassen	Das Garen von Eiern oder Eimasse, bei mäßiger Hitze im Topf oder Wasserbad, ohne dabei das Gargut umzurühren.
Wasserbad	Ist eine Methode, um Speisen indirekt mit Hitze zu versorgen. Dabei wird der Topf mit den Speisen in einen anderen Topf mit heißem Wasser auf den Herd gestellt.
Zerlassen	Butter oder Margarine in einer Pfanne oder einem Topf bei mäßiger Hitze schmelzen, aber nicht braun werden lassen.

Maße und Gewichte

1 gestr. EL Fett	15 g
1 gestr. EL Mehl	10 g
1 geh. EL Mehl	15 g
1 kleine Zwiebel	30 g
1 mittlere Zwiebel	50 g
1 große Zwiebel	70 g
1 kleine Kartoffel	70 g
1 mittlere Kartoffel	120 g
1 große Kartoffel	180 g
½ kg	500 g
1 kg	1000 g

1 Liter	1000 ml/1000 ccm
¾ Liter	750 ml/750 ccm
½ Liter	500 ml/500 ccm
⅜ Liter	375 ml/375 ccm
¼ Liter	250 ml/250 ccm
⅛ Liter	125 ml/125 ccm
1 TL	5 ml
1 EL	15 ml
1 Tasse	150 ml

Abkürzungen

Msp.	Messerspitze
EL	Esslöffel
geh. EL	gehäufter Esslöffel
gestr. EL	gestrichener Esslöffel
TL	Teelöffel
geh. TL	gehäufter Teelöffel
gestr. TL	gestrichener Teelöffel
g	Gramm
kg	Kilogramm
ml	Milliliter
cl	Zentiliter
l	Liter
ccm	Kubikzentimeter
Pck.	Päckchen
°C	Grad Celsius
TK	Tiefkühlkost

Rezeptregister nach Kapiteln

Suppen und Eintöpfe

Salate und Soßen

Kartoffelgerichte und Beilagen

Fleischgerichte

Fischgerichte

Aufläufe

facebook.com/
sparkasse.dueren
8/15
ANK
Sparkassen-Finanzkonzept
Ver-
mögen
Alters-
vorsorge
Absicherung
Ihrer Lebensrisiken
Service & Liquidität
Jetzt Finanz-Check
machen!

Querbeet

Wildkräuter

Desserts

Backwaren

Liköre, Marmeladen, Gelees

Bildquellennachweis

Umschlag vorne: (M) Manuela Horrig, (v.l.) Karin Jansen, Bärbel Haase, Rita Quadbeck, Maria Steimann; **Umschlag hinten**: (v.l.) R.X., RWE Power AG, R.X., Hedi Feucht;
Seite 3: Edition Limosa GmbH; 4: (gr) Maria Schäkel, (kl) R.X.; 5: (gr) Bernd Jansen, (kl) Karin Jansen; 6: (gr) Erich Gussen, (kl) Kreis Düren; 7: (gr) Maria Schäkel; 8: (kl) A. Schiblon, © LVR; 9: (kl) Rita Quadbeck; 10: (kl) R.X.; 11: (gr) Kreis Düren; 12: (gr) Familie Püllen; 13: (kl) Karin Jansen; 14: (gr) Maria Steimann, (kl) Wasser-Info-Zentrum Eifel; 15: (gr) Karin Jansen, (kl) Martin u. Sabine Grunwald; 16: (gr) Karin Jansen; 17: (alle) Stadt Linnich; 18: (gr) RWE Power AG; 19: (kl) Maria Steimann; 20: (gr) Rita Quadbeck; 21: (gr) Rita Quadbeck; 22: (gr) R.X.; 23: (alle) R.X.; 24: (kl) RWE Power AG; 25: (gr) Rita Quadbeck; 26: (gr) R.X.; 27: (kl) Maria Steimann; 28: (gr) R.X.; 29: (gr) Magdalene Knops, (kl) Magdalene Knops; 30/31: (alle) R.X.; 32: (gr) Maria Brauers, (kl) Henrike u. Holger Körber; 33: (kl) R.X.; 34/35: (alle) RWE Power AG; 36: (gr) Rita Quadbeck; 37: (kl) Martin und Sabine Grunwald; 38: (gr) Anette Klein, (kl) Anette Klein; 39: (gr) Maria Schäkel, (kl) Stefan Johnen, Deutsches Glasmalerei-Museum Linnich; 40: (gr) Maria Schäkel, (kl) Familie Püllen; 41: (kl) Sandra Ohler; 42: (gr) Rita Quadbeck; 43: (gr) Bildarchiv Förderverein Kommende Siersdorf e.V.; 44: (kl) Familie Püllen; 45: (gr) R.X., (kl) R.X.; 46: (gr) Karin Jansen; 47: (kl) Forschungszentrum Jülich; 48: (gr) R.X.; 49: (gr) Ria Dahmen; 50: (gr) Gerd Kranaster, (kl) Karin Jansen; 51: (gr) A.u.M. Schoenen, (kl) R.X.; 52: (gr) Karin Jansen; 53: (gr) Karin Jansen; 54: (gr) R.X., (kl) R.X.; 55: (gr) Monika Dahmen, (kl) Rita Quadbeck; 56: (gr) R.X., (kl) R.X.; 57: (gr) Michael Feucht, (kl) R.X.; 58: (alle) Historische Gesellschaft Lazarus Strohmanus e.V.; 59: (gr) Rita Quadbeck; 60: (gr) Bildarchiv Museum Zitadelle Jülich, (kl) Sandra Ohler; 61: (gr) Bärbel Haase, (kl) Maria Clemens; 62: (kl) Gestüt Lindenkreuz/Birgit Gliem; 63: (gr) Martin u. Sabine Grunwald, (kl) Änni Nöthgen; 64: (gr) Marco Schmitz, (kl) Sandra Ohler; 65: (gr) R.X., (kl) R.X.; 66: (gr) Markus Havertz; 67: (gr) Markus Havertz; 68: (gr) Karin Jansen, (kl) Karin Käufer; 69: (gr) Guido von Büren, (kl) Auguste Huppertz; 70: (gr) Magdalene Knops, (kl) Martin und Sabine Grunwald; 71: (kl) R.X.; 72: Angelika Eller; 73: (alle) Maria Schäkel; 74: (gr) Sandra Ohler, (kl) Karin Jansen; 75: (gr) RWE Power AG, (kl) Rita Quadbeck; 76: (gr) Gestüt Lindenkreuz/Birgit Gliem; 77: (gr) Stadt Düren; 78: (gr) Karin Käufer; 79: (kl) Rita Quadbeck; 80: (gr) R.X., (kl) Bärbel Haase; 81: (gr) RWE Power AG, (kl) RWE Power AG; 82/83: (alle) Bergmännischer Traditionsverein; 84: (gr) Michael Greve, (kl) Michael Greve; 85: (gr) R.X., (kl) R.X.; 86: (alle) Taktisches Luftwaffengeschwader 31 „Boelcke“, Fliegerhorst Nörvenich; 87: (kl) A.u.M. Schoenen; 88: (gr) Ria Dahmen; 89: (kl) R.X.; 90: (gr) Maria Zurhelle; 91: (gr) Kreis Düren; 92: (gr) Maria Steimann, (kl) Maria Steimann; 93: (gr) Maria Steimann, (kl) Rita Quadbeck; 94: (gr) Konrad Schöller, (kl) A.u.M. Schoenen; 95: (gr) Lisa Paeffgen, (kl) Maria Zurhelle; 96: (gr) Angelika Eller; 97: (gr) Angelika Eller; 98: (gr) R.X.; 99: (gr) R.X.; 100: (gr) Lisa Paeffgen; 101: (kl) Margret Frings; 102/103: (alle) RWE Power AG; 104: (gr) Karin Käufer; 105: (alle) Karin Käufer; 106: (gr) R.X.; 107: (gr) Karin Jansen; 108: (gr) Rita Quadbeck, (kl) Karin Jansen; 109: (kl) Rita Quadbeck; 110: (gr) R.X., (kl) Ria Dahmen; 111: (gr) Bärbel Haase, (kl) Bernd Jansen; 112: (alle) Biologische Station Düren; 113: (alle) R.X.; 114: (gr) Norbert Pinell; 115: (gr) Karin Jansen; 116: (gr) R.X., (kl) Anette Klein; 117: (gr) Magdalene Knops, (kl) Anette Klein; 118: (gr) Konrad Schöller; 119: (kl) Bernd Jansen; 120: Biologische Station Düren: oben Achim Schumacher, unten Lutz Dalbeck; 121: (gr) R.X.; 122: (kl) Rita Quadbeck; 123: (gr) R.X., (kl) R.X.; 124: (kl) R.X.; 125: (gr) Pfeifer & Langen GmbH & Co.KG Jülich; 126: (gr) Maria Schäkel; 127: (kl) Maria Brauers; 128: (gr) Bernd Jansen, (kl) Bernd Jansen; 129: (gr) Karin Jansen, (kl) Karin Jansen; 130: (kl) A. Schiblon, © LVR; 131: (gr) Rita Quadbeck, (kl) Bildarchiv Museum Zitadelle Jülich; 132: (gr) Marco Schmitz, (kl) Karin Jansen; 133: (kl) Renate Iven; 134: (gr) Stadt Düren; 135: (gr) Stadt Düren; 136: (kl) R.X.; 137: (gr) R.X., (kl) Rita Quadbeck; 138: (kl) Biologische Station Düren; 139: (gr) die arge lola, Kai Loges/Andreas Langen; 140: (gr) Maria Steimann; 141: (gr) die arge lola, Kai Loges/Andreas Langen; 142: (gr) R.X., (kl) R.X.; 143: (gr) R.X., (kl) Sandra Ohler; 144: (gr) Helmut Lieven, (kl) Helmut Lieven; 145: (kl) Kreis Düren; 146: (gr) Karin Jansen, (kl) Karin Jansen/Hedi Feucht; 147: (gr) R.X., (kl) Stefan Johnen, Deutsches Glasmalerei-Museum Linnich; 148: (kl) Rita Quadbeck; 149: (gr) Hedi Feucht; 150: (kl) Anette Klein; 151: (gr) Desiree Hähnel; 152: (gr) Konrad Schöller, (kl) Konrad Schöller; 153: (kl) Konrad Schöller; 154: (gr) Karin Jansen, (kl) Töpfereimuseum Langerwehe; 155: (gr) Marco Schmitz, (kl) Töpfereimuseum Langerwehe; 156: (gr) Karin Jansen; 157: (gr) Anette Klein; 158: (gr) A.u.M. Schoenen; 159: (gr) A.u.M. Schoenen; 160: (gr) Familie Püllen, (kl) Maria Schäkel; 161: (alle) Familie Püllen; 162: (gr) Stadt Düren; 163: (kl) Sandra Ohler; 164: (gr) Bärbel Haase; 165: (gr) R.X.; 166: (gr) Melanie Schmitz-Schunken, (kl) Dorothee Beyhs; 167: (gr) R.X., (kl) A.u.M. Schoenen; 168: (gr) Maria Beyss; 169: (gr) Karin Jansen; 170: (gr) LVR-Amt für Bodendenkmalpflege im Rheinland, Außenstelle Titz, (kl) Kath. Pfarre St. Martin Aldenhoven; 171: (gr) Sybille Wacker, (kl) R.X.; 172: (gr) Rita Quadbeck; 173: (kl) Anette Klein; 174: (gr) Bärbel Haase, (kl) Bernd Jansen; 175: (gr) die arge lola, Kai Loges/Andreas Langen, (kl) Bernd Jansen; 176: (gr) Karin Jansen; 177: (alle) Sebastian Robens; 178: (gr) Karin Jansen; 179: (kl) Maria Steimann; 180: (gr) R.X., (kl) Rita Quadbeck; 181: (gr) Konrad Schöller, (kl) Karin Jansen; 182: (gr) RWE Power AG, (kl) Anette Klein; 183: (kl) Biologische Station Düren; 184: (gr) Franz Courth; 185: (gr) Rita Quadbeck;

R.X. = Renate Xhonneux